Ing. Agr. Norberto A. Colacelli Ph. D.

AZUFRE EN EL SUELO

1ᴿᴬ· EDICIÓN

2001

LIBRERIA Y EDITORIAL ALSINA

Paraná 137 - (C1017AAC) Buenos Aires
Telefax (054) (011) 4373-2942 y (054) (011) 4371-9309
ARGENTINA

Colacelli, Norberto Antonio
Azufre en el suelo. - 1a ed. - Ciudad
Autónoma de Buenos Aires :
Librería y Editorial Alsina, 2014.
60 p. ; 20x14 cm.

ISBN 978-950-553-261-2
1. Geología. I. Título.
CDD 551

Fecha de catalogación: 07/04/2014

DATOS SOBRE EL AUTOR

El Ing. Agr. Norberto A. Colacelli Ph. D. nació en la Ciudad de Buenos Aires, es egresado de la Facultad de Agronomía de la Universidad de Buenos Aires (1973), realizó estudios de pos grado en Informática (Magister de Informática) y en agronomía (Ph. D. en Agronomía).

Se desempeñó durante quince años en las Cátedras de Química Analítica, Edafología y Fertilidad y Fertilizantes en la Facultad de Agronomía de la UBA, fue Profesor de la Cátedra de Conservación y Manejo de Suelos de la Facultad de Agronomía de la Universidad Nacional del Centro de la Pcia. de Buenos Aires y Profesor de la Cátedra de Química Agrícola de la Facultad de Agronomía de la Universidad de Morón. Es actualmente Profesor de la Cátedra de Uso del Suelo y Director del Departamento Ecología de la Facultad de Agronomía y Zootecnia de la Universidad Nacional de Tucumán.

PRÓLOGO

Desde que Justus von Liebig (1803-1873) hizo sus afirmaciones sobre la alimentación mineral de los vegetales, y elaboró un fertilizante basado en sus ideas sobre la nutrición de las plantas, aunque no del todo acertadas, éstas posibilitaron un avance fundamental en el conocimiento de la nutrición mineral de los vegetales. El conocimiento de la dinámica del nitrógeno, fósforo y potasio son hoy bastante bien conocidas, existiendo gran cantidad de información al respecto. Dosis necesarias para obtener altos rendimientos, métodos de diagnóstico de fertilidad, métodos de laboratorio adecuados que permiten conocer la disponibilidad de estos minerales en los suelos. Como consecuencia aparecen ahora otros elementos como limitantes a la producción, entre ellos el azufre se destaca principalmente.

Esta publicación se origina como parte de la tesis del autor para acceder al título académico de Doctor of Philosophy.

El objetivo del presente trabajo es poner a disposición de técnicos, estudiantes y productores la información disponible sobre este nutriente de una manera accesible y didáctica.

La publicación aborda además otros usos del azufre, como ser su utilización como corrector de suelos alcalinos, encara además las metodologías de laboratorio aconsejadas y criterios para la interpretación de los datos analíticos, como así también la influencia del azufre en los procesos de fijación del nitrógeno atmosférico y un resumen de los trabajos publicados en el país referidos a esta temática. Se omitió su uso como producto para curar o prevenir enfermedades ya que esta es por si misma otra especialidad de la agronomía.

No es intención del autor agotar el tema sino introducir al lector a la problemática del azufre.

S. M. de Tucumán, Setiembre de 2001

AGRADECIMIENTOS

Es obligación, de mi parte, agradecer a las siguientes personas por el apoyo brindado: al Dr. Carlos H. Bellone, profesor asociado de la Cátedra de Microbiología Agrícola de la Facultad de Agronomía y Zootecnia de la Universidad Nacional de Tucumán y su actual Decano, su apoyo incondicional a mi trabajo y su opinión esclarecedora sobre los manuscritos del presente trabajo.

A mi familia que apoyó mi trabajo y en especial a María Adela, mi hija menor, que colaboró en la confección de los gráficos y figuras.

Al Dr. Ariel U. Guerrero, ex Profesor Titular de la Cátedra de Química Analítica de la Facultad de Agronomía de la Universidad de Buenos Aires, cátedra donde me inicié como docente y que supo, no sólo despertar y guiar mi interés por la docencia y la investigación, sino que tuvo una influencia decisiva en mi formación como persona.

Al Sr. Daniel López, que efectuó los originales para posibilitar la impresión.

DEDICATORIA

A mi padre, el Dr. Antonio Colacelli,
a quien después de tantos años alcancé a comprender.

INDICE

1. Introducción.

2. El azufre en el suelo.
> Biogeoquímica del ciclo del azufre.
> Origen del azufre de los suelos
> Contenido de azufre de los suelos.

3. Dinámica y transformaciones de azufre en el suelo.
> Formas de azufre en el suelo.
> Transformaciones del azufre en el suelo.
> Adsorción del azufre por el suelo.
> Factores que afectan la dinámica.
> Distribución en el perfil del suelo.
> Lixiviación de los sulfatos.
> Dinámica de las transformaciones de azufre orgánico.

4. Microbiología del azufre en el suelo.
> Bacterias del suelos que oxidan el azufre.
> El azufre en la biomasa microbiana.

5. Fisiología del azufre.
> Funciones del azufre.

6. Demanda de azufre por los cultivos
> Necesidades del azufre de los cultivos.
> Deficiencias y síntomas de carencia en vegetales.
> Contenido de azufre en algunos granos y semillas.

7. Evaluación del azufre del suelo
> Evaluación de la disponibilidad de azufre para los vegetales.
> Determinación del azufre disponible para las plantas.

8. Fertilización con azufre.
> Conceptos generales.
> Fuentes de azufre.
> Estado del conocimiento en la República Argentina.
> Síntesis de publicaciones referidas al azufre en la República Argentina.

9. El azufre como corrector de suelos alcalinos.
10. Necesidades de investigación.

11. Anexo 1.

12. Bibliografía.

INTRODUCCIÓN

El azufre es el 13 elemento más abundante en la corteza terrestre, se presenta en forma insoluble, soluble, generalmente sales, y gases. Es altamente reactivo, y se encuentra en estados de oxidación desde -2 a +6. Muchas transformaciones del azufre del suelo son derivadas de la actividad microbiana. Como principales formas que se presentan en suelos ácidos y bien drenados, son el sulfato ($SO_4^=$) adsorbido en la fracción mineral y compuestos orgánicos. En suelos alcalinos bien drenados se encuentran compuestos de azufre poco solubles y en suelos mal drenados, formas reducidas de azufre que le confieren a los suelos características especiales. Las formas gaseosas del aire son solubles en el agua de lluvia y pueden ser una fuente importante de provisión de azufre para las plantas.

El azufre es un macronutriente esencial para el crecimiento y desarrollo de los organismos vivos, por su participación en la síntesis de proteínas. Se torna, entonces importante el conocimiento de los procesos de transformación y reacciones a que éste elemento está sujeto en la naturaleza, especialmente en el suelo, sustrato y principal proveedor de azufre para las plantas y microorganismos.

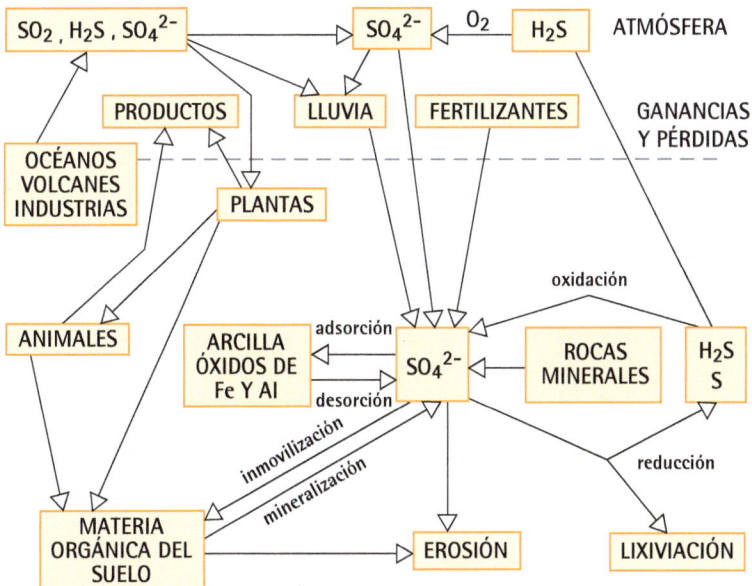

Figura 1: Ciclo del azufre

El ciclo del azufre presenta etapas y procesos que ocurren en el suelo, las aguas y la atmósfera.

El azufre mas allá de un nutriente de las plantas, es un elemento que puede, en función de actividad biológica y transformaciones de sus compuestos, afectar grandemente las condiciones físico-químico-biológicas del suelo y de otros ambientes.

Las reacciones y procesos químico-biológicos del azufre en la biosfera se asemejan a los del nitrógeno en varios aspectos:

a) presenta varios estados de oxidación.
b) se presenta en suelos agrícolas predominantemente en formas orgánicas.
c) la mayoría de las transformaciones ocurren por la actividad microbiana.
d) existen formas gaseosas en la atmósfera, con gran influencia en procesos fisico-químicos que en ella ocurren.

La materia orgánica es la principal fuente de azufre en la mayoría de los suelos cultivados, mientras la cantidad de azufre contenida en el suelo es mucho menor en relación a otros componentes del ciclo del azufre, como en la biosfera, océanos, sedimentos y aerosol marino. Así la provisión de azufre para las plantas pasa a ser satisfecha, en parte, por la atmósfera.

El estudio de las formas y transformaciones del mismo en el suelo es importante para el conocimiento de los mecanismos de disponibilidad para las plantas.

La toma de azufre por parte de los cultivos, en su mayoría, es del 10 al 15 % del nitrógeno absorbido. El azufre tomado por los cultivos en relación al fósforo varía considerablemente. Mientras en la colza y la mostaza el azufre tomado está por encima del 175 %, en muchas otras oleaginosas esta relación es 1:1 con el fósforo. En cereales el azufre captado está alrededor del 60 al 75 % del fósforo.

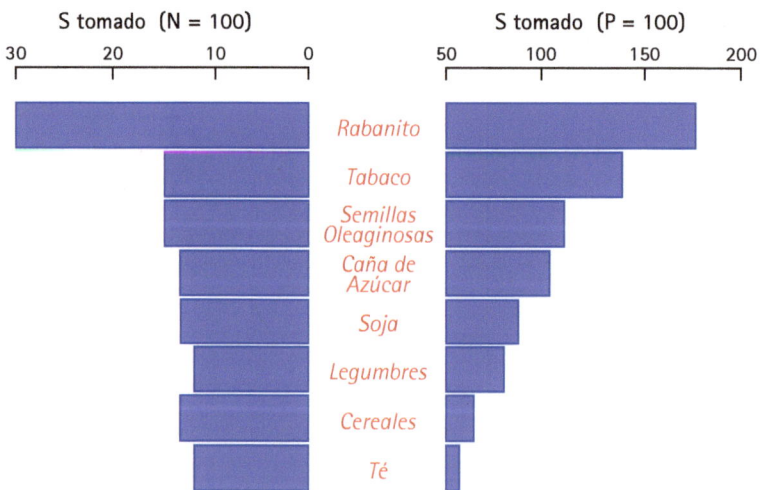

Figura 2: Azufre absorbido por los cultivos en relación al N y al P

En los últimos años se han incrementado, en todas partes del mundo, los informes señalando deficiencias de azufre, especialmente en zonas tropicales y subtropicales. Esto se debe fundamentalmente a las siguientes razones:

1) El incremento en el uso de fertilizantes mas puros, cuyos contenidos de azufre son sólo trazas, por ejemplo, el uso de la urea fosfato de amonio, fosfato diamónico, polifosfatos de amonio, el superfostato triple etc, en lugar del superfosfato simple y el uso de la urea o nitrato de amonio en lugar del sulfato de amonio.

2) Incrementos en los rendimientos, con la introducción de híbridos de alto rinde, con respuesta a nitrógeno, resultando en una rápida disminución del azufre del suelo.

3) Reducción de las emisiones de dióxido de azufre (SO_2) debido a la contaminación ambiental y las regulaciones y control. En los EE.UU. las emisiones de SO_2 provenientes de la combustión de combustibles fósiles, petróleo refinado y otros industriales declino de 32 millones Mg (18 millones Mg de azufre) en 1972 a 26 millones Mg (13 millones de Mg de azufre) en 1980. La mayor parte de las emisiones vuelven al suelo como lluvia ácida; las fuentes de reposición de azufre están declinando.

Estimados indican 1Kg $S.ha^{-1}$. $año^{-1}$ en áreas rurales a aproximadamente 100 Kg de $S.ha^{-1}$. $año^{-1}$ en áreas industrializadas. Este es un pequeño componente en el ciclo completo del azufre.

4) Disminución en el uso de abonos orgánicos, tanto en países desarrollados como en vías de desarrollo.

5) Inmovilización del azufre en la materia orgánica acumulada por el uso de labranzas conservacionistas (siembra directa).

EL AZUFRE EN EL SUELO

A. Biogeoquímica del ciclo del azufre

Cuadro 1: Mayores reservas de Azufre en la Tierra (*)

RESERVA	Cantidad de S en kg
Atmósfera	$4,8 \times 10^9$
Litósfera	$24,3 \times 10^{18}$
PEDOSFERA	**Cantidad de S en kg**
Suelo	$2,6 \times 10^{14}$
M. O. del suelo	$0,1 \times 10^{14}$
Plantas terrestres	$7,6 \times 10^{11}$
HIDROSFERA	**Cantidad de S en kg**
Océanos	$1,3 \times 10^{18}$
Aguas	$3,0 \times 10^{12}$
Organismos marinos	$2,4 \times 10^{11}$

(*) Por litosfera se entiende a rocas ígneas, metamórficas y sedimentarias de la corteza terrestre.

Las mayores reservas de azufre de la tierra están en la litosfera ($24,3 \times 10^{18}$ kg) y en la hidrosfera ($1,3 \times 10^{18}$ kg). Moderadas cantidades de azufre se encuentran en los suelos ($2,6 \times 10^{14}$ kg); cantidades más bajas aún se encuentran en la atmósfera ($4,8 \times 10^9$ kg) y en las plantas terrestres ($7,6 \times 10^{11}$ kg). Los flujos de azufre a través de algunos de los más importantes componentes de típicos suelos agrícolas son los siguientes:

Cuadro 2: Flujo de azufre en suelos agrícolas

Detalle	S kg . ha^{-1}. año^{-1}
Tomado por las plantas	10 - 50
Extraído por agricultura	5 - 20
Extraído por producción animal	0 – 5
Ganancias por S atmosférico	2 - 20
Pérdidas por lixiviación	0 – 50
Temperización de minerales con S	0 – 5
Pérdidas por volatilización	desconocidas

Los aportes de azufre de la atmósfera al suelo son muy variables de lugar a lugar.

En áreas remotas continentales, el aporte anual de azufre está por debajo de los 5 kg . ha^{-1}. $año^{-1}$; en el oeste de Europa y Europa central, por ejemplo, el aporte anual se puede estimar en rangos que van desde los 10 a los 100 kg.ha^{-1}. $año^{-1}$. Estos valores pueden ser mayores en áreas cercanas a plantas industriales que utilizan combustibles fósiles. La concentración media de azufre en agua de lluvia varía entre 0,8 a 16,5 ppm.

La principal fuente geológica de azufre para la industria es el elemental (S^0) en depósitos asociados con domos de sal y rocas sedimentarias. La producción anual de S^0 en EE.UU. excede los 5 x 10^9 kg, la mayoría se utiliza para la fabricación de ácido sulfúrico (H_2SO_4) para uso agrícola, en la industria química y otras. Las reservas conocidas de este mineral en EE.UU. exceden los 200 x 10^9 kg.

Los minerales primarios principalmente los $SO_4^=$ metálicos de hierro (Fe), cobre (Cu), zinc (Zn), calcio (Ca), y magnesio (Mg) son una fuente original de azufre en el suelo. Su meteorización, con la ocurrencia de procesos físicos, químicos y biológicos, origina otros compuestos o formas de azufre que son utilizados por los microorganismos o plantas (Figura 1)

El agua de lluvia, el agua de riego, la atmósfera, los fertilizantes y los pesticidas a base de azufre son otras fuentes que contribuyen para la provisión de este elemento al suelo.

B. Origen del azufre en los suelos

La principal fuente de azufre del suelo es la pirita (FeS_2) derivada de las rocas ígneas. Durante la meteorización del suelo, el azufre de la pirita se transforma por oxidación a sulfato ($SO_4^=$), el cual es tomado por las plantas y microorganismos e incorporado a la materia orgánica del suelo. En algunos suelos parte de este azufre es retenido como yeso ($CaSO_4.2\ H_2O$) y epsomita ($MgSO_4.7\ H_2O$), o lixiviado.

En regiones áridas, donde las precipitaciones son insuficientes para lixiviar los sulfatos ($SO_4^=$) del perfil del suelo, el yeso se acumula en un horizonte por debajo de la zona de acumulación del carbonato de calcio ($CaCO_3$).

C. El contenido de azufre de los suelos

Los contenidos de azufre de los suelos son muy variables, los valores más bajos se encuentran en suelos arenosos ($\approx$ 20 mg S . kg^{-1}) y los valores más altos se encuentran en zonas de mareas donde el S tiende a acumularse ($\approx$ 35.000 mg S . kg^{-1}). El rango normal en suelos agrícolas en regiones húmedas y semihúmedas es de 100 a 500 mg.kg^{-1} o sea 0,01 al 0,05 % ($\approx$ 224 a 1.120 kg . ha^{-1}).

Para los suelos de estas regiones, la mayoría del azufre está asociado a formas orgánicas.

Los suelos tropicales, generalmente, contienen bajas cantidades de azufre, lo cual se explica por sus bajos contenidos de materia orgánica.

Los efectos a largo plazo de los cultivos sobre el nivel de azufre (sin la adición de agroquímicos) es la disminución de la cantidad total, debido a la mineralización de la materia orgánica y la consecuente absorción por los vegetales y las pérdidas por lixiviación. Como acotación se puede decir que el consumo de las plantas es muy variable pero generalmente esta en el orden de los 10 a 30 kg . ha^{-1}. año^{-1}.En general una parte del azufre retorna al suelo con los residuos de cosecha. En pasturas, el azufre extraído por los productos animales (carne, lana, etc.) es relativamente bajo, de aproximadamente 3 a 5 kg . ha^{-1}. año^{-1} el resto puede retornar como residuos o excretas.

En los ecosistemas forestales, mucho del azufre tomado retorna al suelo vía restos y el retorno esta por encima de 3 a 7 kg . ha^{-1}. año^{-1}.

Estudios utilizando lisímetros en la Estación Experimental de Rothamsted en Inglaterra, después de 100 años, muestran que la cantidad de S depositado desde la atmósfera es aproximadamente igual a la cantidad de sulfato ($SO_4^=$) perdido por el agua de drenaje. En este caso debe agregarse azufre de alguna fuente externa para evitar caídas en las cantidades de este elemento por utilización por los cultivos.

Las plantas toman el azufre principalmente como $SO_4^=$, las formas en que este anión llega la planta es por difusión y por flujo masal.

DINÁMICA Y TRANSFORMACIONES DEL AZUFRE EN EL SUELO

A. Formas del S en el suelo:

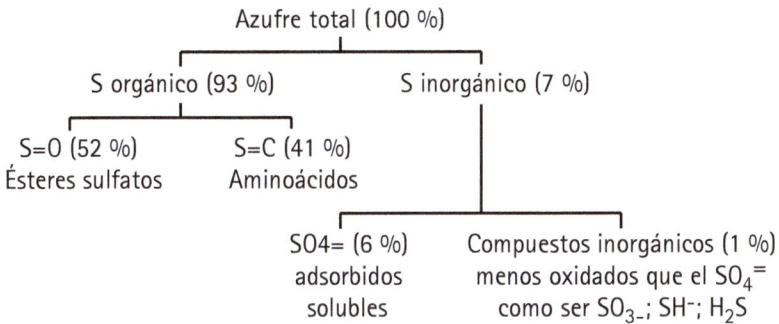

```
                        Azufre total (100 %)
                ┌──────────────┴──────────────┐
         S orgánico (93 %)              S inorgánico (7 %)
        ┌───────┴────────┐                     │
  S=O (52 %)        S=C (41 %)                  │
  Ésteres sulfatos  Aminoácidos                 │
                           ┌─────────────────┴──────────────────┐
                      SO4= (6 %)            Compuestos inorgánicos (1 %)
                      adsorbidos            menos oxidados que el $SO_4^=$
                      solubles             como ser $SO_{3-}$; $SH^-$; $H_2S$
```

- S ORGÁNICO:

El S se presenta en el suelo en formas orgánicas e inorgánicas. El fraccionamiento del S orgánico, que en suelos bien drenados de regiones húmedas constituye la mayor parte del S total, muestra la presencia de 3 formas:

a) compuestos con unión S-O (sulfatos y ésteres).

b) compuestos con unión S-C.

c) S inerte o residual. (S en compuestos no identificados).

El S unido al O consiste principalmente en sulfato de ésteres (sulfatos orgánicos con uniones C-O-S). Como ejemplo de estos compuestos se puede citar el sulfato de colina, sulfatos fenólicos, polisacáridos y lípidos sulfatados. Esta fracción constituye en promedio cerca del 50 % del S orgánico y es valorada por reducción a H_2S por el ácido iodhídrico (HI) y es también llamada azufre reducible.

El S ligado a C (S en compuestos con uniones S-C) se encuentra principalmente en aminoácidos (cisteína, cistina y metionina), estos aminoácidos son poco estables y no se acumulan en el suelo. Así otros compuestos no conocidos participan de esta fracción C-S. La obtención de esta fracción se puede efectuar por diferencia entre el S total y el reducible (S-O).

Sin embargo las cantidades encontradas por reducción son menores que aquellas obtenidas por diferencia, lo que indica la existencia de otras formas de S orgánico no conocidas, las que constituyen una fracción de S residual o inerte. Las fracciones S-C y S residual representan en promedio cerca del 20 al 30% de S orgánico.

El fraccionamiento de las formas de S orgánico ha sido estudiado para ayudar a la evaluación de la disponibilidad para las plantas, ya que ciertas formas son mas fácilmente mineralizables. La fracción S-O presenta una mineralización más rápida porque es fácilmente hidrolizada a sulfatos inorgánicos. Las fracciones S-C y, principalmente, S residual son más estables en el suelo. Por otro lado hay evidencias de que tanto las fracciones S-O como S-C pueden contribuir como suministro para las plantas, lo que hace de poca utilidad el fraccionamiento del S orgánico.

- S INORGÁNICO:

El S inorgánico puede presentarse en el suelo en varios estados de oxidación. Las principales formas son:

a) $SO_4^=$ en solución.

b) $SO_4^=$ adsorbido en la fracción sólida.

c) formas reducidas como SO_2; $SO_3^=$; $S_2O_3^=$; SO y $S^=$.

En suelos bien drenados, las formas reducidas son fácilmente oxidadas a $SO4^=$, siendo esta la forma inorgánica predominante y por la cual el S es absorbido por las plantas vía sistema radical.

Mientras tanto las formas reducidas, principalmente $S^=$ y H_2S, son importantes en suelos anegados o en condiciones de anaerobiosis. En condiciones de mal drenaje o aridez puede producirse acumulación de sales solubles de S, mientras que en suelos alcalinos o calcáreos puede haber acumulación de sales insolubles de S o cocristalización con $CaCO_3$, las cuales son poco disponibles para las plantas.

El tenor de S total en suelos puede variar de 0,002 a 3,5 %. Los valores mas elevados se dan en suelos alcalinos o calcáreos, principalmente en regiones áridas, por acumulación del $SO_4^=$; en suelos no calcáreos el tenor de S total es inferior al 0,1 %.

Figura 3: Transformaciones del azufre orgánico en los suelos (Sommers et al 1980)

Generalmente los suelos de regiones tropicales presentan menores tenores de S total y orgánico que los suelos de regiones templadas, debido a una mayor mineralización.

Por estar principalmente constituido por fracciones orgánicas, el contenido de S total no es un parámetro adecuado para indicar la disponibilidad para las plantas a corto plazo. Probablemente puede indicar un potencial de abastecimiento de S al suelo (Cuadro 1).

Cuadro 3: Contenidos de azufre total y orgánico en el horizonte superficial en algunos suelos

Lugar	N° de muestras	S total prom. (ppm)	S orgánico prom. (ppm)
Canadá	54	284	-
Malasia	13	322	-
EE.UU. (Iowa)	6	319	308
EE.UU. (Iowa)	64	294	285
Brasil (Amazonas)	3	83	81
Brasil (San Pablo)	7	-	154
Brasil (Río Grande do Sul)	16	235	229
Brasil (Río Grande do Sul)	16	294	284
Brasil (Río Grande do Sul)	8	298	282
Brasil (Río Grande do Sul)	54	175	167
Brasil (Paraná)	6	166	154

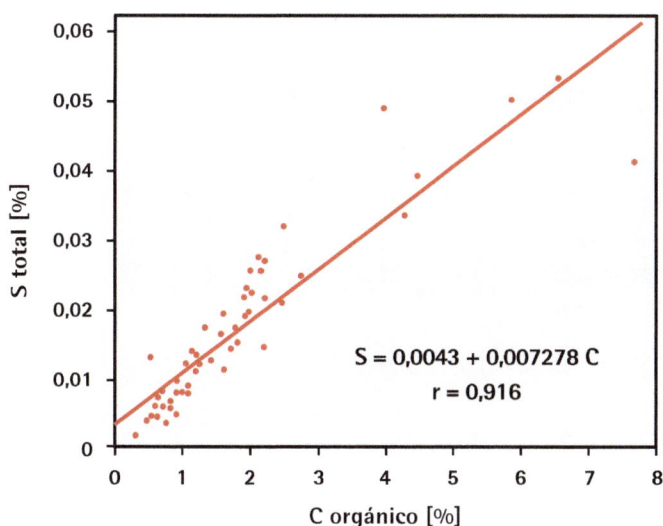

$$S = 0,0043 + 0,007278\ C$$
$$r = 0,916$$

Figura 4: Relación entre los contenidos de C orgánico y S total de 52 muestras de suelo de Río Grande do Sul (Brasil) (Bissani 1985)

Los factores de formación de suelos influyen en el tenor de S total, siendo que probablemente el clima y la vegetación son los más importantes.

Se cita el siguiente orden de importancia para factores formadores de suelos:

clima > vegetación > topografía = material original > tiempo

El material original sería el factor mas importante en relación a las formas inorgánicas de S, pues tiene gran influencia sobre las propiedades físico-químicas del suelo.

La mayor parte del S del suelo, en general mas del 90 %, se encuentra en forma orgánica (Cuadro 3) esto se comprueba por las altas correlaciones verificadas entre tenores de C orgánico o N total y los tenores de S total u orgánico.

La estrecha relación entre el C orgánico y el S supone una relación C/S relativamente constante en suelos de diferentes regiones climáticas.

Esta verificación estaría relacionada a los factores formadores de suelos. Una revisión bibliográfica indica valores para la relación C/S que varía entre 57:1 a 271:1.

B. Transformaciones del S en el suelo:

El S del suelo está sujeto a transformaciones microbianas influenciadas por las condiciones ambientales que afectan la composición y actividad de los microorganismos.

En todos los suelos, en mayor o menor medida, ocurren los siguientes procesos:

a) Mineralización y descomposición del S orgánico con la liberación de formas inorgánicas.

b) Inmovilización por conversión de S inorgánico a compuestos orgánicos mediante la acción de microorganismos.

c) Producción de $S^=$ por la reducción de $SO_4^=$.

d) Producción de formas volátiles.

e) Oxidación del S^0 a otras formas.

Cuadro 4: Principales transformaciones microbianas de S en el suelo (Trudinger 1975)

Organismos	Reacciones	Proceso
La mayoría de los microorganismos	SO_4^{2-} − cisteína y otros compuestos de S	Inmovilización
Muchos heterotróficos	Cisteína − H_2S	Mineralización
Heterotróficos *(Beggiatoa)*	Cisteína − SO_4^{2-} H_2S − S^0	Mineralización Oxidación
Reductores de sulfato *(Desulfivibrio Desulfotomaculum)*	SO_4^{2-} − H_2S	Reducción
Quimioautotróficos de S *(Thiobassilus)*	H_2S − SO_4^{2-} H_2S − S^0 S^0 − SO_4^{2-}	Oxidación Oxidación Oxidación
Fotoautotróficos de S *(Chlorobium, chromatium)*	H_2S − S^0 H_2S − SO_4^{2-}	Oxidación Oxidación

Estos procesos están representados en la Figura 1 y las diversas formas de S y principales microorganismos involucrados se representan en el Cuadro 4.

- Oxidación y reducción

La específica actuación de microorganismos en la oxidación y reducción del S depende principalmente de las condiciones ambientales (aeróbicas y anaeróbicas), con variación de estado de oxidación del S. Esto se puede ver en el Cuadro 5.

Algunas especies de microorganismos, como la bacteria Thiobacillus denitrificans, oxidan formas reducidas a $SO_4^=$ en condiciones de anaerobiosis, como también reducen el NO_3^- a N_2.

Cuadro 5: Estados de oxidación de S en el suelo

	Anaerobiosis		→ ←	Aerobiosis	
	Reducción			Oxidación	
Estado de oxidación	S^{-2}	S^0	S^{+2}	S^{+4}	S^{+6}
Compuestos iónicos	H^2S	S^0	$S_2O_3^{-2}$	SO_2	SO_4^{-2}
Denominación	Sulfuros	S elemental	Tiosulfatos	Dióxido S	Sulfatos

Parte de los sulfuros formados son liberados a la atmósfera (H_2S), donde pueden ser oxidados a $SO_4^=$. Altas concentraciones de $S^=$ en suelos pueden ser tóxicas para los cultivos.

Mineralización e inmovilización

La mineralización es el proceso de mayor importancia en relación a la disponibilidad de S para los vegetales, ya que las formas orgánicas constituyen la mayor parte del S del suelo. Muchas especies de hongos, bacterias y actinomicetes actúan en el proceso de mineralización del S, utilizando materia orgánica como sustrato para su crecimiento. Esto ocurre tanto en condiciones de aerobiosis como anaerobiosis, obteniéndose como productos finales $SO_4^=$ y H_2S respectivamente.

La mineralización de S orgánico en suelos bien drenados, que constituye la mayor parte de los suelos cultivados, es influenciada por factores de suelo, clima y por el manejo a que los mismos son sometidos. Los principales factores son: formas de S inorgánico del suelo, tipo de material orgánico adicionado al suelo, población microbiana, temperatura, aireación y pH. Estos factores son influenciados por el manejo, siendo más importante los aspectos de rotación de cultivos, adición de residuos orgánicos y la corrección del pH (encalado). Los factores ambientales se reflejan en la población y actividad microbiana.

La fracción S-O (reducible) de S orgánico es considerada de más fácil mineralización y por consiguiente su tenor afecta las cantidades de $SO_4^=$ liberados.

La adición de materiales orgánicos con alta relación C/S puede provocar la inmovilización del $SO_4^=$ en la solución, por otro lado relaciones bajas determinan mayores tasas de mineralización dependiendo del nivel de los demás nutrientes. La población microbiana afecta la mineralización, dependiendo de la cantidad de microorganismos y de su capacidad de hidrolizar compuestos azufrados. Cada unidad porcentual de materia orgánica libera aproximadamente 6 Kg de S. ha^{-1}. $año^{-1}$.

La temperatura del suelo afecta la mineralización del S por efecto sobre los microorganismos, siendo estos más efectivos alrededor de los 30° a 40° C. El mismo efecto es provocado por la aireación y la humedad. La mineralización es mayor en condiciones de aerobiosis en un suelo con una humedad equivalente del 60 al 80 % de la capacidad de campo. El pH del suelo puede ser considerado el principal factor que afecta la mineralización, debido a su marcado efecto sobre la población y la actividad microbiana. Un aumento del pH determina una mayor mineralización de S, principalmente en suelos con mayor contenido de materia orgánica (Figura 4).

El rango más favorable para la mineralización de la materia orgánica se encuentra alrededor de la neutralidad.

La mineralización del S es mayor con la presencia de plantas en crecimiento. Esto se debe a la mayor actividad microbiana en la rizósfera de las plantas y por las excreciones de sustancias catalizadoras por las raíces.

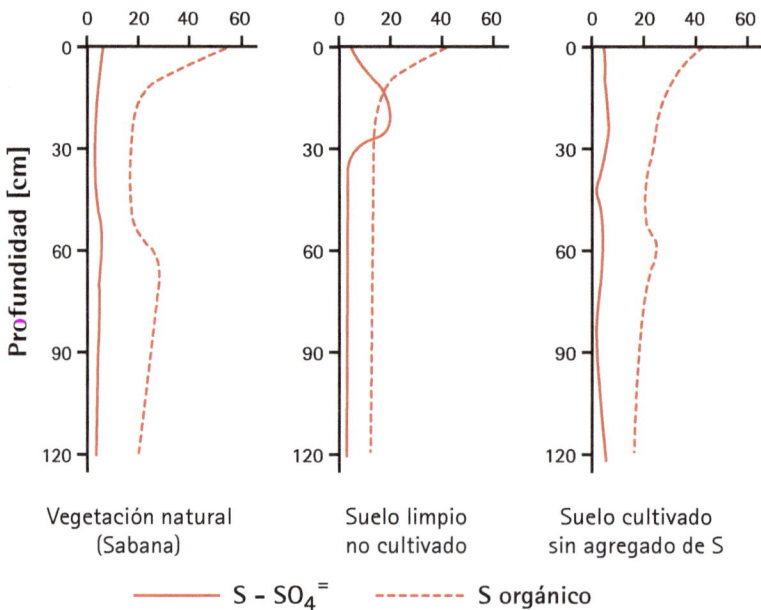

Figura 5: Tenores de S - $SO_4^=$ y S orgánico relacionados con la profundidad de muestreo y diferentes manejos en cinco años

Por ser un proceso muy afectado por factores ambientales, la mineralización del S presenta fluctuaciones estacionales. En término medio se estima que una tasa de mineralización se encuentra entre el 1 al 2 % por año. Mediciones realizadas en nuestro país (Casilda, Santa Fe) determinaron que los índices de mineralización son del 6 % para siembra convencional y del 4 % para siembra directa.

El cultivo de suelos vírgenes, por sus efectos en las condiciones de aireación, humedad y temperatura del suelo y por consiguiente sobre la actividad microbiana, provoca una reducción en el contenido de materia orgánica y por lo tanto del S orgánico. Se observa con el tiempo una disminución del tenor del S total y orgánico en el horizonte superficial y un aumento de S en horizontes subsuperficiales, por efecto de la lixiviación.

En suelos de CERRADO brasilero se verifica una disminución de un 25 a un 75 % del tenor de S orgánico después de ser cultivado por 25 a 30 años.

La mineralización del S orgánico, con liberación de $SO_4^=$, puede ocurrir por procesos no microbiológicos, cuando el suelo es sometido a tratamientos físicos, como secado y humedecimiento. Este fenómeno no es biológico, ya que el $SO_4^=$ es de inmediato liberado en cantidades mayores que las obtenidas por incubación del suelo bajo condiciones adecuadas para la mineralización.

C. Adsorción de S por el suelo

El ion $SO_4^=$ de la solución del suelo puede ser desplazado del perfil o adsorbido en las superficies de las partículas minerales, tales como arcillas y óxidos de Fe y Al. La adsorción puede ocurrir en superficies con carga positiva (adsorción electrostática) o negativa (adsorción química o específica), ésta con características covalentes, a semejanza de lo que ocurre con el P. Algunos autores consideran que esta adsorción ocurre solamente en las superficies con cargas positivas.

El proceso de adsorción de $SO_4^=$ puede ser el principal controlador de la disponibilidad de S para las plantas, constituyendo un equilibrio relativamente rápido entre la fase sólida y la solución del suelo.

Los principales factores que afectan la adsorción del $SO_4^=$ son el pH del suelo, el tipo y tenor de minerales, la competencia con otros aniones por los distintos sitios de adsorción y el tipo de catión en la solución y del complejo sorbente del suelo. La adsorción es también dependiente de la concentración de $SO_4^=$ en la solución.

El pH tiene gran influencia en las cargas de las partículas del suelo. Un aumento en el pH determina una menor adsorción de los $SO_4^=$. Este efecto puede ser visualizado en la siguiente ecuación propuesta para representar la adsorción de $SO_4^=$ por los óxidos de Fe y Al (M).

$$\begin{array}{c} M \!-\! OH \\ \\ M \!-\! OH_2 \end{array} + SO_4^= \longleftrightarrow \begin{array}{c} M\text{-}O \\[4pt] M\text{-}O \end{array}\!\!\!\!\diagup S \diagdown \begin{array}{c} O \\[4pt] O \end{array} + OH^- + H_2O$$

El encalado de suelos ácidos aumenta la disponibilidad de S para las plantas, principalmente por efecto de la mineralización y por desorción de $SO_4^=$. Por otro lado, el $SO_4^=$ está sujeto a pérdidas por lixiviación.

El desplazamiento del $SO_4^=$ para horizontes subsuperficiales puede implicar suelos deficientes en S para las plantas, dependiendo de la magnitud de la mineralización, de la adsorción y de la profundidad de aplicación de las enmiendas para corregir la acidez. Este proceso tiende a ocurrir mas fácilmente en suelos con baja capacidad de adsorción de $SO_4^=$. La movilidad de este anión en el suelo está influenciada principalmente por su concentración en la solución, reacciones con la fase sólida y por la tasa y cantidad de agua percolada por el perfil.

Los óxidos de Al y Fe y las arcillas 1:1 (caolinita) son los constituyentes del suelo que presentan mayor capacidad de adsorción de $SO_4^=$.

Su tenor determina una cantidad de sitios de adsorción. Los suelos de regiones tropicales presentan una mayor temperización, tenores más elevados de estos constituyentes y generalmente mas $SO_4^=$ que suelos de regiones templadas. Los óxidos de Al son más efectivos en adsorber $SO_4^=$ que los óxidos de Fe, siendo esta reacción dependiente del pH del suelo.

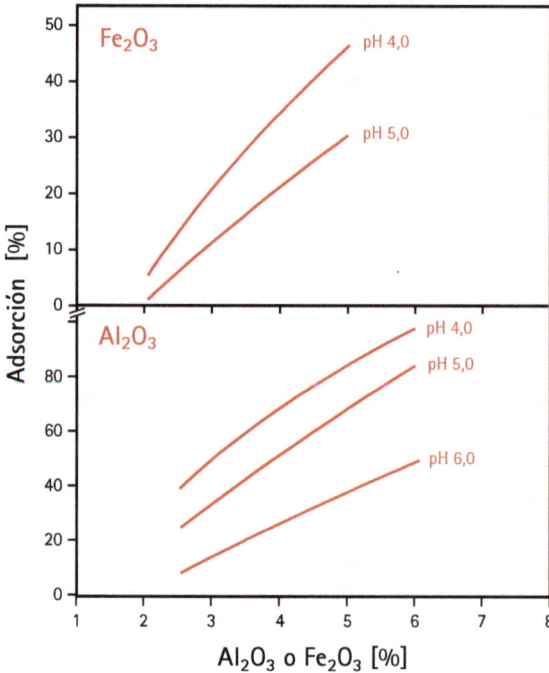

Figura 6: Relación entre los tenores de óxido de Fe y Al y la absorción de $SO_4^=$ en un suelo a partir de una solución de K_2SO_4 en diferentes niveles de pH

La afinidad e intensidad de la adsorción de aniones por los coloides del suelo puede ser así representada:

fosfato > sulfato = acetato > nitrato > cloruro

El ion fosfato en solución compite con el SO4= por los sitios de adsorción. Una aplicación de altas dosis de P puede determinar, dependiendo del tipo de suelo, un aumento en la lixiviación de $SO_4^=$ hacia horizontes subsuperficiales. La concentración y el tipo de catión predominante en solución del suelo influye en la adsorción de $SO_4^=$.

Si utilizamos soluciones con distintas formas de $SO_4^=$, se verá que la adsorción depende del catión acompañante, en este orden:

$CaSO_4 > K_2SO_4 > (NH_4)_2SO_4 > Na_2SO_4$

La adsorción de $SO_4^=$ depende del predominio de determinado tipo de catión en el complejo de cambio, observándose el siguiente orden:

suelo saturado con Al > con Ca> con K> con Na

Estos comportamientos deben estar relacionados con el grado de interacción de los cationes con las superficies de cambio, lo cual depende de su valencia.

D. Factores que afectan la dinámica del S orgánico del suelo

La dinámica del S orgánico del suelo a través de la mineralización-inmovilización está influenciado por varios factores que afectan la actividad de los microorganismos, como la adición de residuos de cosecha, propiedades del suelo, como ser: textura, temperatura, humedad y prácticas culturales.

Observaciones generales concernientes a la liberación de nutrientes desde la materia orgánica del suelo, se detallaran ahora algunos aspectos que atañen al S y pueden resumirse como sigue:

1) La cantidad de S mineralizado desde un suelo sin corregir, no aparece como directamente relacionado con el tipo de suelo, la cantidad total de C o S, la relación C/S, pH del suelo, o N mineralizable.

2) El contenido de S responde a una serie de causas:
   a) Una fuerte relación lineal de la liberación del $SO_4^=$ con el tiempo,
   b) Una liberación inicial rápida seguida por una lenta liberación, y
   c) Una tasa de liberación que decrece con el tiempo.

3) La mineralización del S en suelos en presencia de plantas es mayor que en suelos desnudos, como resultado de una mayor proliferación de microorganismos en la rizósfera.

4) La mineralización del S es afectada por factores que influyen en el desarrollo de los microorganismos, principalmente temperatura, humedad y pH.
   a) **Temperatura**: la mineralización es marcadamente disminuida a 10°C, pero aumenta con incrementos de temperatura de 20 a 40°C y decrece después.

b) **Humedad**: la mineralización es considerablemente afectada a baja humedad (<15% de la capacidad de campo) y por encima del 80% de la capacidad de humedad. El óptimo para la mineralización está alrededor del 60% de la capacidad de campo.

c) **pH**: La mineralización es generalmente más rápida entre 5,5 y 7,5 de valores de pH y es menor en valores fuera de ese rango.

5) Más $SO_4^=$ es liberado cuando los suelos son secados y rehumedecidos antes de la incubación que cuando se incuban sin previo secado.

6) S orgánico recientemente formado en el suelo es más fácilmente mineralizable que las fracciones de S orgánico más viejas.

Por diferentes razones la tasa de mineralización del S orgánico en el suelo no está completamente entendida. Errores por lo complicado de estimar la mineralización en presencia de plantas creciendo incluyendo la contaminación atmosférica por SO_2, recuento incompleto de raíces, adición de S durante el riego y errores de medición del S en el material vegetal por inadecuadas técnicas analíticas.

Es bien conocido que la relación C/S de los residuos orgánicos da una guía aproximada de la cantidad de $SO_4^=$ que se acumula durante la descomposición.

Se sabe que cuando la relación C/S de los residuos agregados está por debajo de 200, hay una neta ganancia de $SO_4^=$ y cuando la relación supera los 400 existe una pérdida neta. Para relacionarlos entre 200 y 400, puede haber pérdidas o ganancias de $SO_4^=$, relaciones C/S entre 200 y 400 en los residuos de plantas corresponde a contenidos de S de alrededor de 0,25 a 0,5 %, respectivamente.

Relación C/S

<200	200 a 400	> 400
ganancia neta de $SO_4^=$	ganancias o pérdidas de $SO_4^=$	Pérdidas netas

La inmovilización microbiológica del nitrógeno es de importancia en el manejo agrícola, pero los déficit de azufre originados por este mecanismo son poco frecuentes. Estas deficiencias pueden inducirse con el agregado de carbohidratos (celulosa) que origina una disminución importante en los niveles de azufre inorgánico. Cuando en la materia orgánica la cantidad de azufre es menor a la que es requerida para el desarrollo de los microorganismos, se produce inmovilización, en cambio cuando el elemento está en exceso, el azufre inorgánico es liberado como producto de desecho.

Existen fuertes evidencias que las tasas relativas de mineralización de S y N de la materia orgánica del suelo son parecidas, y que ambos pueden ser liberados en igual tasa en el cual ellos están en la materia orgánica del suelo. Esto no siempre se cumple debido a algunas de estas causas:

1) El N y el S existentes como compuestos orgánicos o fracciones de la materia orgánica del suelo que tienen diferentes tasas de descomposición, y por lo tanto ellos no son liberados al mismo tiempo.

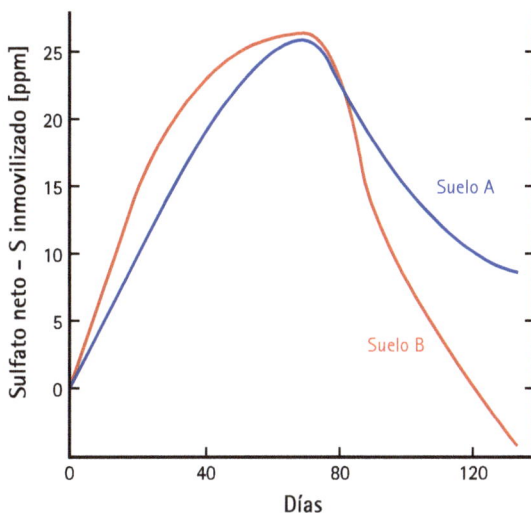

Figura 7: Cambios en los niveles de $SO_4^=$ en dos suelos
tratados con celulosa (Alexander, M. 1977)

2) La inclusión de residuos de plantas o animales con amplias relaciones N/S pueden causar mayor inmovilización de S que de N.

3) La presencia de Ca^{2+} puede ocultar la liberación de $SO_4^=$ por formación de $CaSO_4$ poco soluble.

4) El secado al aire del suelo antes del tratamiento puede afectar en forma diferente la liberación de N y de S.

5) Diferentes grupos de microorganismos son responsables de la mineralización del N y del S.

El agregado de $CaCO_3$ al suelo incrementa el $SO_4^=$ soluble en la incubación, posiblemente porque favorece la mineralización de la materia orgánica del suelo debido a un mayor desarrollo bacteriano, liberando el $SO_4^=$ adsorbido por el incremento de pH.

Algunos estudios demuestran que existe una ligera pérdida mayor de N que de S cuando los suelos son cultivados. Resumiendo, la relación N/S de la materia orgánica de los suelos cultivados es generalmente más baja que en los suelos vírgenes. Datos de la región de las grandes planicies de EE.UU. muestran esto:

Suelo	Total de N (mg/kg)	S or.(mg/kg)	(Relación N/S)
Virgen	1600	183	8,7
Cultivado	934	117	8,0
% pérdida	42	36	

La asimilación microbiana de $SO_4^=$ con transformación a formas orgánicas, es sin duda, el proceso que más influye en el comportamiento de los $SO_4^=$.

Finalmente, es de hacer notar que dos diferentes vías pueden estar involucradas en la mineralización del S orgánico en el suelo:

1) Por un proceso en el cual el HS^- o el $SO_4^=$ es producido como un bioproducto de la degradación de la materia orgánica por microorganismos. S unido a C se estima que es mineralizado principalmente por este proceso.

2) Mediante un simple proceso enzimático el cual el ester sulfato es liberado desde formas orgánicas por acción de la enzima arylsulfatasa.

E. Distribuición del Azufre en el perfil del suelo

La distribución del S en el perfil del suelo varía cuali y cuantitativamente siendo influenciada por el manejo del suelo.

El tenor de S total disminuye con la profundidad debido, principalmente, a un menor tenor de S orgánico como se observa en la Figura 5, lo cual tiende a mostrar un menor contenido de S total. Paralelamente se observa un aumento en la cantidad y la proporción de $SO_4^=$ con la profundidad, en relación al S total, lo que se debe a la lixiviación del $SO_4^=$ de los horizontes superiores y a un aumento del tenor de los constituyentes del suelo que poseen mayor capacidad de adsorción que las capas superiores. El patrón de distribución del $SO_4^=$ en el perfil es marcadamente influenciado por el manejo del suelo.

En suelos vírgenes, generalmente ocurre un aumento continuo del tenor de $SO_4^=$ con la profundidad, pero estos incrementos son de poca significación. En suelos cultivados, generalmente, ocurre un aumento abrupto del contenido de $SO_4^=$ en la capa inmediatamente inferior a la cultivada, como se observa en la Figura 5.

Tal comportamiento es debido a una mayor mineralización y a una mayor pérdida de $SO_4^=$ por lixiviación de horizonte superficial, principalmente aquellos con baja capacidad de adsorción, sometidos a cultivos y prácticas que disminuyen la adsorción de $SO_4^=$, como el encalado y la fertilización.

Una disminución del tenor de C y N con el aumento de la profundidad del suelo es acompañada con una disminución de la materia orgánica del perfil, y proporcionalmente mayor que la del S. Esto determina una disminución de las relaciones C/S y N/S con la profundidad.

La lixiviación del $SO_4^=$ es acompañada por un desplazamiento de cationes, especialmente Ca^{2+}, Mg^{2+} y K^+ para capas subsuperficiales del perfil.

La aplicación de yeso en suelos muy temperizados, con bajo tenor de Ca^{2+} de cambio y alta saturación con Al^{3+} tóxico, produce por la formación de $AlSO_4^+$ no tóxico un aumento de la absorción de Ca^{2+} por las raíces. Efectos colaterales como lixiviación de K y Mg con un desequilibrio de las relaciones Ca/K y Ca/Mg en plantas, fueron también observados con la aplicación superficial de yeso al suelo.

El $SO_4^=$ adsorbido en horizontes subsuperficiales, en equilibrio con el S de la solución, puede ser disponible para las plantas. La eficiencia de utilización de este $SO_4^=$, depende de la profundidad de acumulación, su magnitud y la extensión y distribución del sistema radicular de las plantas, el cual puede ser afectado por la acidez, el intercambio, aireación, tenor de otros nutrientes y otras características subsuperficiales.

F. Lixiviación del Sulfato ($SO_4^=$)

El ion sulfato está cargado negativamente lo que lo hace que esté expuesto a pérdidas por lixiviación. La magnitud en que ocurre la lixiviación, depende de las lluvias, de la capacidad de retención del sulfato ($SO_4^=$) por el suelo, de las características del drenaje, de la inmovilización por parte de los microorganismos durante la descomposición de los residuos vegetales.

Se puede esperar que la lixiviación sea máxima en suelos de textura gruesa bajo altas precipitaciones. Debido a la lixiviación, los sulfatos ($SO_4^=$) raramente se acumulan en suelos de regiones húmedas o semihúmedas. La lixiviación del azufre orgánico puede ser de alguna importancia bajo ciertas condiciones.

G. Dinámica de las transformaciones del Azufre Orgánico

La transformación del azufre de la materia orgánica y residuos vegetales en asimilable para las plantas es un proceso estrictamente microbiológico. Cuando el suelo está bien aireado, el azufre orgánico es mineralizado y luego oxidado a sulfato ($SO_4^=$)el cual es la forma más tomada por las plantas. Simultáneamente, el sulfato ($SO_4^=$)es asimilado por microorganismos e incorporado a la biomasa microbiana.

Incrementos en el contenido de azufre orgánico en el suelo sólo ocurren en condiciones favorables para la acumulación de la materia orgánica, semejantes a cuando hay frecuentes agregados de residuos orgánicos.

La transformación del azufre a través de mineralización-inmovilización sigue los mismos patrones del nitrógeno y el fósforo ya que éstos procesos ocurren simultáneamente. En efecto, la cantidad del sulfato ($SO_4^=$) disponible para las plantas en la solución del suelo en cierto tiempo representa la diferencia de la magnitud entre los 2 procesos.

$$\text{S orgánico} \xrightleftharpoons[\text{INMOVILIZACIÓN}]{\text{MINERALIZACIÓN}} SO_4^=$$

Por esto los datos obtenidos por la mineralización neta con la acumulación de sulfato ($SO_4^=$), durante incubaciones en laboratorio no provee estimaciones precisas de las tasas de mineralización de azufre orgánico, aunque el uso de mineralización neta es frecuentemente usado como equivalente a mineralización actual. Numerosos estudios muestran que la adición de carbono contenido en los sustratos (Ej: glucosa, celulosa, residuos de cosecha) a suelos tienden hacia una pérdida neta de ambas formas: del sulfato ($SO_4^=$) nativo del suelo a través de la inmovilización y el aplicado.

MICROBIOLOGÍA DEL AZUFRE EN EL SUELO

A. Bacterias de suelo que oxidan el S

Incluídas entre las bacterias S-oxidantes están las quimiolitotróficas del género Thiobacillus (familia nitrobacteriaceas), bacterias filamentosas incoloras de la familia begiatoaceas como la Beggiatoa y Thiothrix, y bacterias S-fotosintéticas como Thiospirillum y Thiocystis. En general, sólo organismos del primer grupo son importantes en suelos, las bacterias fotosintéticas están limitadas a ambientes acuáticos donde el H_2S es generado. Los microorganismos heterotróficos incluyendo bacterias, actinomicetes y hongos, son también capaces de oxidar formas reducidas de S inorgánico, pero su importancia en suelos es desconocida. Las bacterias S-oxidante del género Thiobacillus no forman esporas y son Gram negativas. Varias poseen movilidad mediante un flagelo.

Un número de especies de Thiobacillus han sido identificadas, cinco de las cuales están bien definidas y son de alguna importancia en suelos.

Como los nitrificadores, estos organismos obtienen su energía por oxidación de una molécula inorgánica y la mayoría de ellos fija CO_2 como fuente exclusiva de C primario. (Ej: los quimioautotróficos). Las bacterias que oxidan S más importantes son:

1) *Thiobacillus thiooxidans:* autótrofa obligada, tolera extrema acidez. El pH óptimo para la oxidación es entre 2,0 y 3,5. Su desarrollo cesa por encima de 5,5. Este organismo es encuentra generalmente en ambientes donde las condiciones son de gran acidez. Es responsable de la corrosión de caños de hierro y es responsable, también, de la producción de H_2SO_4 en las minas de carbón y minas abandonadas.

2) *Thibacillus ferroxidans*: esta extrae energía por oxidación de Fe^{2+} a Fe^{3+}, y también con la oxidación del S^0 a $S_2O_3^=$. Es autotrofa obligada y está muy distribuída en los suelos, fundamentalmente en aquellos donde los valores de pH son mayores que para Thiobacillus thiooxidans. Su desarrollo se detiene a pH por debajo de 4,0. La acumulación de H_2SO_4 corta la actividad de este organismo.

3) *Thiobacillus novellus:* A diferencia de otras especies de Thiobacillus, este organismo es autotrofo facultativo y puede desarrollarse sobre sustratos orgánicos. El tiosulfato es oxidado a $SO_4^=$ a pH próximos a la neutralidad; al S^0 elemental no puede oxidarlo. El pH óptimo para el crecimiento está alrededor de la neutralidad o ligera alcalinidad.

4) *Thibacillus denitrificans:* Este organismo es el único capaz de la oxidación aeróbica de compuestos azufrados; puede desarrollarse en anaerobiosis utilizando NO_3^- como aceptor de electrones para oxidar el S^0, con pérdida de N_2.

En conclusión, aunque el rol del S en la fertilidad del suelo fue largamente ignorado, se ha acumulado suficiente información que indica que en suelos agrícolas de regiones húmedas y subhúmedas, las transformaciones que involucran formas orgánicas son de gran importancia en la nutrición azufrada de las plantas. Las deficiencias de S están limitadas a relativamente a pocas áreas geográficas pero están incrementándose debido al incremento en el uso de fertilizantes libres de S (superfosfato triple), a una reducción en el uso de S como pesticida, y a una baja en los aportes de la atmósfera. Además las nuevas variedades de gran rendimiento exigen cada vez mayor cantidad de nutrientes del suelo y el S no escapa a ello.

Resumiendo información que podemos concluir estudiando el ciclo del S, sería:

1) Hasta hace relativamente poco, las eventuales adiciones y las reservas S del suelo han sido suficientes para satisfacer los requerimientos de S de la mayoría de los cultivos. Algunos fertilizantes (superfosfato simple) contienen S, y algo de S puede agregarse mediante el uso de insecticidas y fungicidas. El agua de riego en regiones áridas es una importante fuente de S asimilable para las plantas. El incremento en el uso de fertilizantes libres de S (SPT) pueden esencialmente inducir a deficiencias de S a los cultivos.

2) La cantidad de S aportada por las precipitaciones varía con la localidad y la época del año. Este S puede incrementarse en forma muy significativa por la combustión de carbón y combustibles fósiles, el cual es depositado en grandes cantidades cerca de áreas industriales y durante los meses de invierno. En regiones rurales alejadas de áreas industriales, no más de 5 a 6 kg. ha^{-1}. $año^{-1}$ de S es aportado a los suelos por esta vía. Las pérdidas por lixiviación de S son mayores en suelos de textura gruesa bajo condiciones de altas precipitaciones.

3) Las raíces de las plantas absorben al S casi todo como $SO_4^=$. La concentración de este ion en la solución del suelo está influenciado por factores que influyen en la adsorción, como la mineralización-inmovilización.

4) Por lejos los residuos de cosecha son los más importantes en la relación mineralización-inmovilización que existe para S como lo es también conocido para N. Cuando la relación C/S de los residuos agregados esta por debajo de 200, habrá una neta ganancia de $SO_4^=$ inorgánicos, cuando esta relación supera los 400 hay una pérdida neta de $SO_4^=$.

5) Muy poco es conocido sobre las formas de S orgánico en el suelo. Más del 50 % del S total, en suelos de zonas húmedas y subhúmedas, esta unido a C, sólo una fracción de la cual puede ser considerada como amino ácidos. El otro 40 % del total de S se presenta como ester sulfatos desconocidos. La relación C/S de diferentes zonas está por encima de 108, lo que corresponde a 0,5 % de S en la materia orgánica.

Algunos suelos, como los que son marcadamente ácidos y aquellos que contienen caolinita y/o Fe y óxidos de Al, son capaces de retener $SO_4^=$ por adsorción.

B. Azufre en la biomasa microbiana

El azufre orgánico que está presente en el suelo del 1 y al 3 % es biomasa microbiana. La relación C/S de las células microbianas es del orden de 57 a 85 para bacterias y de 180 a 230 para hongos. Las relaciones de las bacterias son generalmente mas bajas que las de los suelos. El contenido de azufre de la mayoría de los microorganismos está entre 0,1 y 1 % del peso seco.

Mucho del azufre en bacterias y actinomicetes (más del 90 %) se presenta como cisteína y metionina, en hongos una gran proporción del S se presenta en formas reducibles con HI (ácido iodhidrico), principalmente como clorosulfatos. Por el contrario, mucho del azufre orgánico del suelo se presenta en formas desconocidas. La cantidad de azufre en la biomasa microbiana puede ser estimada mediante la cantidad de sulfato ($SO_4^=$) inorgánico que es producido durante la incubación del suelo luego de fumigado con cloroformo ($CHCl_3$), siendo el extractante carbonato ácido de sodio ($NaHCO_3$ 0,1 M) ó cloruro de calcio ($CaCl_2$ 10 mM). La ecuación es:

donde:
$$\text{S de la biomasa} = \frac{S_{ex} - S_{obt}}{K_s}$$

S_{ex} S extraído luego de fumigado el suelo.
S_{obt} S obtenido desde el suelo sin fumigar.
K_s fracción de S de la biomasa sujeto a liberarse por el $CHCl_3$.

Valores de Ks para los dos extractantes donde 0,1 M $NaHCO_3$ = 0,41 y para 10 mM $CaCl_2$ = 0,35.

Aunque solo una pequeña cantidad de azufre orgánico del suelo está en la biomasa en un tiempo dado, esta fracción es extremadamente lábil y de este modo es una componente clave en la dinámica del azufre en el suelo. La cantidad de azufre orgánico en la biomasa, es el mayor aporte de azufre disponible para las plantas superiores. La cantidad absoluta de azufre en la biomasa del suelo se correlaciona muy bien con el carbono de la biomasa extraíble con sulfato, y con la actividad microbiológica en general.

5

FISIOLOGÍA DEL AZUFRE

A. Funciones del S

El S juega un papel importante en la activación de la enzima nitrato reductasa, necesaria para la conversión del NO_3^- a amino ácidos en las plantas. La carencia de S reduce la cantidad de proteínas solubles, lo que a su vez aumenta la concentración de NO_3^- en los tejidos. La acumulación de este anión impide en forma muy sensible la formación de semillas en cultivos como la canola. La acumulación de NO_3^- puede llegar a ser tóxico para los animales que consumen estos vegetales. Niveles adecuados de S mejora la utilización del Mg por parte de los rumiantes al reducir los niveles de N no proteico (NO_3^-) en los forrajes.

Otra función importante del S es la relacionada con la formación de clorofila. Si bien el S no es parte de la molécula de clorofila interviene en su síntesis y de allí la coloración amarillo pálido que presentan las hojas de plantas con deficiencia de este nutriente. Los síntomas de deficiencia de S son similares a los que presenta el N, pero la diferencia de éste con el S está en que las hojas amarillentas pálido son las hojas jóvenes, en cambio el N presenta esta coloración el las hojas más viejas. Este comportamiento se debe a que el S es mucho menos móvil dentro de la planta que el N.

A diferencia del Ca^{2+} y el Mg^{2+} que son absorbidos por las plantas como cationes, el S es absorbido principalmente como anión sulfato ($SO4^=$). También puede entrar por las hojas como SO_2 presente en el aire. El S es parte de cada célula y forma parte de 3 de los 21 aminoácidos que forman las proteínas.

Como funciones del S en las plantas se pueden mencionar los siguientes:

1) Activador de enzimas proteolíticas tales como las papainasas.
2) Síntesis de algunas vitaminas como la biotina, tiamina, B1, glutationina y coenzima A.
3) Ayuda en la producción de semillas.
4) Es necesario para la síntesis de clorofila aunque no es constituyente de este compuesto.
5) Está presente en varios compuestos orgánicos que dan el olor característico al ajo, mostaza y la cebolla.
6) Promueve la nodulación en las leguminosas.
7) Síntesis de tres aminoácidos esenciales: metionina, cisteína y cistina.
8) Formación de ferredoxina , una proteína vegetal que además contiene hierro y actúa como un transportador de electrones en la fotosíntesis y también inter-

viene en la fijación del N, ya sea por fijadores simbióticos o libres.

9) Actividad de la ATP sulforilasa, una enzima que interviene en el metabolismo de azufre.

6

DEMANDA DE AZUFRE POR LOS CULTIVOS

A. Necesidades de S de los cultivos

Cultivos y cultivares dentro de cultivos varían considerablemente en sus requerimientos de S, Spencer en Australia (1975) dividió los cultivos en 3 grupos

Cuadro 6: Clasificación tentativa de cultivos de acuerdo
a sus requerimientos de fertilizantes azufrados

Cultivo	Requerimiento de fertilizantes azufrado en áreas deficientes (kg S.ha) (*)
Grupo I (alto)	
• Crucíferas	40-80
• Alfalfa	30-70
• Colza	20-60
Grupo II (moderado)	
• Coco	50
• Caña de azúcar	20-40
• Tréboles y gramíneas	10-40
• Café	20-40
• Algodón	10-30
Grupo III (bajo)	
• Remolacha azucarera	15-25
• Cereales para forraje	10-20
• Cereales de grano	5-20
• Maní	5-10

(*) *La dosis depende del rendimiento a obtener.*

Como una regla aproximada Tandon (1991) dio los siguientes requerimientos de S (Kg de S. Mg^{-1} de grano) 3 a 4 Kg para cereales; 8 Kg para legumbres y 12 Kg para oleaginosas.

B. Contenido de S en granos y semillas de varios cultivos

Cuadro 7: Contenido de S en algunos granos

Gramineas		Leguminosas		Crucíferas	
		% de S en M.S.			
Cebada	0,18	Poroto	0,24	Nabo	1,0
Avena	0,18	Soja	0,27	Mostaza	1,4
Trigo	0,17	Arveja	0,27	Rabanito	1,7
Maiz	0,17				

C. Deficiencias de S y síntomas en las plantas

El comportamiento del S en las plantas es similar al N, un ejemplo de las similitudes del S con el N se observa en la función en la planta y la distribución en el suelo. Las deficiencias de S en las plantas se parecen a las deficiencias de N, las hojas tornan a un amarillo pálido. De cualquier manera, el S es de menor movilidad que el N en la planta y las hojas más jóvenes son las que generalmente se amarillean, mientras que las hojas viejas se mantienen verdes. Esto es opuesto a lo que ocurre con la deficiencia de N. Es frecuente las excepciones a este síntoma. Los síntomas generales de deficiencia son hojas amarillas, plantas caídas con cortos y escasos tallos. Estos síntomas no desaparecen con el agregado de N. Las diferentes especies de plantas difieren considerablente en manifestar los síntomas de deficiencia de S. Deficiencias y suficiencias en los niveles de S en distintas partes de la planta de algunos cultivos se muestra en el Cuadro 8.

Cuadro 8: Deficiencia y suficiencias en los niveles de S en plantas

Cultivo	Parte muestreada de la planta	Deficiencia	Suficiencia
		$(g.kg^{-1}$ de m.s.)	
Alfalfa	Ápices y brotes (10% de floración)	1,5 – 2,3	2,3
Cebada	Tejidos de tallo	1,2	1,4
Trigo	Tejidos de tallo	1,2	1,4
Soja	Hoja trifoliada desarrollada por encima de la vaina	1,4	2,2 – 2,8
Tabaco	Hojas	1,1 – 1,8	1,5 – 2,6
Trébol rojo	Ápices y brotes (10% de floración)	2,0 crítico	-
Coliflor	Ápices en estado de cuaje	1,8	1,9
Colza	-	2,1 crítico	-
Maní	Planta	2,0 crítico	-

En citrus, tabaco y algodón pueden apreciarse los síntomas primeramente en la hojas viejas. En leguminosas disminuye la nodulación y por lo tanto la fijación del N atmosférico.

El S, al igual que el nitrógeno, el fósforo y el potasio, es un nutriente esencial para los cultivos. Es necesario para la síntesis de aminoácidos y proteínas, y para la fotosíntesis. Las deficiencias de azufre son fáciles de confundir con las N. Los síntomas de deficiencia de S aparecen como:

- Crecimiento atrofiado.
- Amarillamiento general de las hojas.

En situaciones de deficiencias menos severas, los síntomas visuales pueden no presentarse, pero el rendimiento como la calidad de los cultivos son efectadas. La concentración de S en la planta debe oscilar entre 0,2 y 0,5%. Las leguminosas además necesitan el S para mejorar la nodulación.

Cuadro 9: Niveles adecuados de S foliar (%) en caña de azúcar
(D. L. Anderson y J. E. Bowen)

Peso seco (%)*		Hoja de tejido usado	Edad media (meses)	Corrección (kg/ha)	País o Estado
Crítico	*Óptimo*				
–	0,13 – 0,28	3	6	–	Brasil
0,22	–	Vainas 1 - 4	6	50	Hawai
0,30	–	Vainas 1 - 4	8 -10	–	
0,13	0,13 – 0,18	2	3 - 4	260	Louisiana
0,13	–	4 -6	–	–	Puerto Rico
0,14	–	1	4	–	S. Africa
0,12	–	1	3 - 9	–	
–	0,03 - 1	1 - 4	4	–	–

* Resultados calculados en base a peso seco

Las deficiencias de S suelen estar relacionadas a varias condiciones:

- suelos arenosos.
- suelos con bajos contenidos de materia orgánica.
- zonas de elevadas precipitaciones.
- manejo de cultivos para altos redimientos.
- aguas de riego con bajos contenidos de S.

7

EVALUACIÓN DEL AZUFRE DEL SUELO

A. Métodos de diagnóstico

I) Síntomas visuales:

La metodología mas elemental es la interpretación de los síntomas visuales de deficiencias. Si bien es una técnica relativamente simple, ya que las observaciones se realizan a campo y los resultados se obtienen en el momento, presenta una serie de inconvenientes que la relegan a un plano de confirmación de otros métodos de diagnóstico.

Como ya se señaló no todas las plantas presentan los síntomas claramente, algunas especies manifiestan los síntomas con formas particulares. Cuando una especie manifiesta síntomas, las carencias son importantes y los daños, en general, son irreversibles. Existen las llamadas carencias subclínicas, que son aquellas que afectan los rendimientos, pero no se presentan con síntomas externos visibles. Otros inconvenientes son que el técnico debe estar familiarizado con la sintomatología, que cuando existe mas de un nutriente en deficiencia los síntomas se superponen y los hacen difícil de distinguir. Lo mismo ocurre con la presencia de enfermedades que confunden los síntomas de carencias.

II) Valores en tejido vegetal:

Estos valores se correlacionan con los rendimientos. Se obtiene así el llamado "valor crítico".

Este valor indica la cantidad de nutriente en el tejido vegetal por encima del cual no se producen aumentos de rendimiento. Estos valores críticos se aplican exclusivamente para una especie vegetal, de la parte de la planta, del estado de desarrollo, del nivel de rendimiento y de la fracción del nutriente que se evalúe, en el caso del azufre, si es S_{total} o $SO_4^=$. Se debe tener en cuenta que estos valores poseen validez sólo si no existe otro factor limitante.

Cuadro 10: Tenores adecuados de N y S en hojas (Cordone y Martínez)

Cultivo	% sobre materia seca	
	N	S
Soja	4,4/5,5	0,25
Maíz	2,7/3,3	0,15/0,2
Trigo	3/3,3	0,4
Sorgo	1,3/1,5	0,08/0,2
Girasol	3,3/3,5	0,5/0,7

Es por eso que el muestreo debe hacerse en el momento de mayor demanda de azufre que va desde el alargamiento del tallo hasta el comienzo de floración.

Como se mencionó el $SO_4^=$ es de baja movilidad en la planta, de donde las hojas jóvenes son las mas convenientes para efectuar los ensayos.

En la Cuadro 10 se transcriben rangos de valores de nutrientes en hojas consideradas adecuadas.

La relación N:S algunos autores la proponen como forma de diagnosticar deficiencias de S (Kanwar y Mudahar, 1986) otros proponen 17:1 para leguminosas y 14:1 para gramíneas, existen otros autores que sugieren 16:1 para rye grass y 18:1 para trébol blanco, como valores críticos.

B. Cantidad de azufre en el suelo:

La interpretación de estos valores no es simple ya que existen factores de variación importantes, como ser la variación estacional, el régimen hídrico, textura del suelo, etc.

En Nueva Zelanda (Edmeades et al, 1994) propuso la combinación del test de $SO_4^=$ y el de S orgánico extractable para predecir la disponibilidad de S del suelo para las plantas. Ambos tests han sido calibrados para Nueva Zelanda.

El valor de S orgánico lo usa como un factor de estimación de la disponibilidad a largo plazo y el nivel de $SO_4^=$ es considerado como la disponibilidad a corto plazo.

Cuadro 11: Interpretación de los valores de $SO_4^=$ y S orgánico extractable en el suelo

Nivel de S en el suelo	SO_4^- (ppm)	S orgánico (ppm)	Interpretación
Deficiente	< 6	< 10	Necesidad de fertilizar
Adecuado	7 - 12	10 - 20	Dosis de mantenimiento
Óptimo	> 12	> 20	Mínimo mantenimiento o no fertilizar

En Minnesota (EEUU) el profesor Rosen C. utiliza para el diagnóstico de S la extracción del $SO_4^=$ mediante una solución de fosfato monocálcico $[Ca(H_2PO_4)_2]$, con 500 ppm de fósforo, utilizando 10 g de suelo y 25 mL de la solución extractante y agitando la mezcla por 30 minutos. El $SO_4^=$ contenido en el filtrado es determinado por turbidimetría con la adición de $BaCl_2$ y los resultados se valoran según la siguiente calibración:

0 – 6 ppm: bajo; 7 – 12 ppm: medio; > 12 ppm: alto

Otro enfoque es el concepto de "ambiente deficiente" como intento para determinar los déficits de azufre.

Se considera "ambiente deficiente" a aquellos ambientes en los cuales se han obtenido una respuesta a la fertilización azufrada. Cuando estos son evaluados convenientemente es factible hacer recomendaciones.

I) Ambientes de bajo rendimiento

Algunos investigadores los llaman ambientes de deficiencia crónica, y reconoce causas similares a la deficiencia de N, entre las cuales se encuentran:

- Bajos contenidos de materia orgánica en suelo consecuencia de una agricultura continua con sistemas de labranza no conservacionistas, sin la reposición de nutrientes y con bajo aporte de residuos orgánicos.
- Existencia de impedancias mecánicas: como pisos de arado, tránsito de maquinaria, generalmente asociadas al tipo de suelo y manejo. Esto impide la profundización de las raíces y por lo tanto una disminución del volumen explorado por el sistema radical y consecuentemente una menor posibilidad de obtener nutrientes.
- Erosión: con pérdida de parte del horizonte superficial (con mayores contenidos de materia orgánica).
- Siembra directa: Se dan mayores respuestas cuando se utiliza siembra directa que cuando se laborea, para un mismo ambiente. Existen reportes de deficiencias de S con siembra directa en suelos que con siembra convencional no se habían detectado.

II) Ambientes de rendimiento medio-alto de los cultivos

Algunos investigadores la denominan deficiencia inducida (Kanwar and Mudahar, 1986). El tiempo transcurrido antes de que se manifieste la deficiencia de S varía dependiendo de las reservas del suelo, de la tasa de mineralización, del S aportado por fuentes externas, del cultivo, del sistema de laboreo y de la intensidad del cultivo (uno o dos cultivos al año). En general se trata de lotes en los que se han ajustado todas las prácticas de manejo y se han obtenido buenos a muy buenos resultados en la últimas 5 a 10 campañas. Esta deficiencia no se manifestaría en los mismos lotes si, por ejemplo, tuvieran que mejorar aspectos tales como la densidad de plantas, sanidad, manejo del agua del suelo, etc. Estaría causada por:

- El ajuste de las prácticas de manejo del cultivo permitiendo que se exprese la deficiencia de S como factor limitante (ley del mínimo). Estas prácticas de manejo incluyen el uso de cultivares de alto potencial de rendimiento con mayores requerimientos de nutrientes. Estos cultivares responden a altas dosis de aplicación de N e incrementan la demanda de S, y el suelo puede no ser capaz de poder suministrarlo en las cantidades requeridas.
- Sistemas de agricultura continua, con disminución del contenido de materia orgánica. Se sostiene que después de cierto tiempo de agricultura continua, cuando la relación C/N se estabiliza, las reservas de S pueden continuar disminuyendo en relación al C y al N (McLaren and Swift, 1977). Por el contrario, la deficiencia de S podría no ser evidente hasta mucho después que la deficiencia de N.
- Cultivos con sistemas radiculares superficiales, debido a impedancias mecánicas por arados, discos o tránsito. Al producirse la lixiviación de los $SO_4^=$ hacia el subsuelo con mayor contenido de arcillas pueden quedar retenidos, pero podrían no ser absorbidos por escaso desarrollo del sistema radical en profundidad

debido a las capas compactadas. Los cultivos perennes, con desarrollo de raíces en profundidad, pueden no mostrar deficiencias donde cultivos anuales si las manifestarían.

- Aporte de residuos vegetales. El efecto del rastrojo respecto de la deficiencia de S depende de su manejo y de la cantidad de S que contenga. En ciertas circunstancias, el rastrojo puede disminuir la cantidad de S disponible para el cultivo siguiente por inmovilización. Steward et al. (1966), encontraron inmovilización neta cuando el rastrojo de trigo tenía menos del 0,15 % de S y la relación C:S era mayor que 200:1.
- Siembra directa.
- Fertilización desbalanceada. En ambientes de productividad media-alta de la región pampeana húmeda la deficiencia de N condujo a la fertilización nitrogenada. Posteriormente se fertilizó con P. La reposición de N y P durante años produjo un desbalance en la relación N:P:S, uno de los motivos por los cuales se manifestaría actualmente la respuesta al agregado de S. Existe una interacción entre N y S, así altas dosis de N crean una severa deficiencia de S y viceversa. Puede haber efecto sinérgico como en el caso de la mostaza, en la cual la aplicación de S en ausencia de N disminuyó la concentración de N en la planta, pero cuando se agregó N el efecto fue sinérgico, efectos similares se han observados en girasol. También algunos autores mencionan efectos antagónicos entre S y P, pero los datos bibliográficos no son concluyentes al respecto.

D. Cálculo de la cantidad de S asimilable:

El siguiente es un ejemplo de una metodología para el cálculo aproximado de la cantidad de S asimilable a partir de datos del suelo de fácil obtención.

La materia orgánica del suelo contiene alrededor del 58 % de Carbono.

$$\frac{\% \text{ de M.O.} \times 10000 m^2/ha \times prof\ (m) \times \delta ap\ (Tn/m^3)}{100} = Tn\ de\ M.O.ha^{-1}$$

donde:

M.O.	Materia orgánica
prof.	profundidad de suelo considerada.
δap	densidad aparente del suelo.

Suponemos un porcentaje de M.O. del 3 % y una d_{ap} =1,25 Tn/m^3 y

Si la relación C/N = 12 ∴ 43/12 = 3,58 Tn/ha de N_t

La relación N/S = 7,3 ∴ $\dfrac{3580\ kg\ N}{7,3}$ = 490 kg S/ha Total

Si el S lábil es aproximadamente un 60 % del total se tiene: 294 kg/ha en 20cm.

El porcentaje de mineralización en la zona de Casilda (Pcia. de Santa Fé) es del 4 al 6 % para sistema de labranza convencional y para siembra directa un 30 % menor. Entonces el porcentaje de mineralización es del 4%, así obtendremos 11,7 kg.ha^{-1}.año^{-1} de S disponible en los primeros 20cm del perfil.

Si el porcentaje de mineralización en siembra directa es: Casilda (Santa Fe)

0 − 20cm	4%
20 − 40cm	2%
40 − 60cm	1%

Se dispondrá:

11,7 kg de S.ha^{-1}.año^{-1} en los primeros 20cm

5,8 kg de S.ha^{-1}.año^{-1} en los siguientes 20 a 40cm

2,9 kg de S.ha^{-1}.año^{-1} en los siguientes 40 a 60cm.

TOTAL   20,4 kg de S.ha^{-1}.año^{-1} de 0 a 60 cm.

Si la eficiencia en el uso de S es de aproximadamente = 85 %

20,4 x 0,85 = **17,34 kg de S.ha^{-1}.año^{-1}**

FERTILIZACIÓN CON AZUFRE

A. Evaluación de la disponibilidad de S del suelo para plantas

El S disponible en el suelo para las plantas son aquellas formas químicas que pueden ser absorbidas por las raíces. El concepto de disponibilidad involucra también formas de S que pueden a corto o mediano plazo ser transformadas por procesos físicos, químicos o biológicos en forma que puedan ser absorbidos por las plantas. Generalmente los métodos utilizados para estimar el S se basan en el uso de extractantes químicos en muestras de suelo obtenidas antes del cultivo y se basan en estudios que usan solo la capa arable. Así no son consideradas las contribuciones por mineralización de S orgánico, de la atmósfera y el S del subsuelo, y las pérdidas por lixiviación que pueden ocurrir durante el cultivo.

La obtención de índices de disponibilidad de S por métodos químicos comprende las etapas de extracción de formas de S y su determinación en los extractos. Algunos métodos pueden presentar buena correlación con parámetros de las plantas aunque se desconozca la naturaleza del S medido.

Los métodos químicos para evaluar la disponibilidad de S incluye extracción con agua, extracción con sales o ácidos, extracción con resinas de intercambio aniónico, dilución isotópica con el uso de S^{35} y la composición de las plantas.

Los extractantes químicos pueden agruparse de acuerdo con las formas extraídas en los siguientes grupos:

a) S en solución (agua, $CaCl_2$, LiCl y NaCl).
b) S en solución +S adsorbido [$Ca(H_2PO_4)_2$, KH_2PO_4, NaOAc+HOAc pH 4,8; NH_4OAc y resinas de intercambio aniónico].
c) S en solución + S adsorbido + parte de S orgánico ($NaHCO_3$, $Ca(H_2PO_4)_2$ en ácido acético y agua caliente.
d) S total (digestión nítrico-perclórica).

El S total es mas utilizado para caracterizar los suelos, pues, en general, no se relaciona con parámetros de las plantas.

La clasificación de cada extractante en los grupos no es rígida, pues poco aún es conocido sobre la naturaleza de las formas extraídas por determinados métodos. Por ejemplo, métodos tenidos como extractores sólo de S soluble, pueden extraer porciones del S orgánico más lábil. La mayor parte de los métodos de determinación de disponibilidad de S procura medir el S de la solución + S adsorbido. Ya que métodos sólo para S soluble son adecuados sólo para suelos con pequeña capacidad de adsorber S.

Dentro de los extractantes utilizados los que mejor se relacionan con parámetros de las plantas son: $Ca[(H_2PO_4)]_2 + H_2O$ con 500 ppm de P; propuesto por Fox et al. (1964).

El comportamiento de estos extractantes parece estar relacionado con las características de algunos suelos, que en general presentan parte del S inorgánico ($SO_4^=$) adsorbido en las partículas de suelo. El $SO_4^=$ es entonces desplazado por los iones fosfato presentes en estas soluciones.

Métodos de determinación de S utilizados en la Argentina:

En nuestro país existe un ente encargado de estandadizar los métodos de determinación de los distintos nutrientes, sugiriendo a los laboratorios que hacen análisis de suelos y de plantas los métodos más adecuados, tratando de que todos utilicen las mismas metodología, lo cual es un intento de hacer comparables los datos de distintas fuentes.

Este organismo se denomina SAMLA (Sistema de Apoyo Metodológico de Laboratorios de Suelos y Aguas). El mismo está formado por distintas instituciones tanto nacionales como privadas, dirigidas por representantes de la Dirección de Agricultura de la Secretaría de Agricultura Ganadería Pesca y Alimentación de la Nación. (Ver en anexo 1 las metodologías sugeridas para azufre).

B. Determinación del azufre disponible para las plantas:

Los resultados de los tests de suelos son particularmente difíciles de interpretar en aquellos suelos donde fundamentalmente todo el azufre está en formas orgánicas. Los procedimientos para la evaluación del azufre disponible para las plantas incluye:

1) Extracción con agua o solución con sales (Ej: $CaCl_2$ 0,15 % y $MgCl_2$ 5mM), ácidos diluidos (0.5M NH_4OAc + 0,25M CH_3COOH), y bases débiles (0,5M $NaHCO_3$ a pH 8,5).
2) Liberación de sulfato (($SO_4^=$) por medio de la incubación.
3) Azufre tomado por las plantas.

Los extractantes del azufre del suelo pueden clasificarse en:

1) Aquellos que extraen el sulfato ($SO_4^=$) fácilmente soluble.
2) Aquellos que extraen sulfato ($SO_4^=$) soluble más una porción del sulfato ($SO_4^=$) adsorbido.
3) Aquellos que también extraen una porción del azufre orgánico del suelo.

La selección de un extractante es dependiente de algunas consideraciones sobre la naturaleza de los suelos encontrados. Las soluciones de fosfato ácido aparecen como la mejor para suelos ácidos que contienen variables cantidades de S orgánico y donde parte del $SO_4^=$ se presenta en formas adsorbidas, mientras que soluciones de sales neutras son preferibles para suelos cercanos a la neutralidad de regiones semiáridas. Los factores que afectan la extracción de $SO_4^=$ incluyen la preparación de la muestra, la relación suelo/extractante y el tiempo de agitado. El aireado de la muestra incrementa la cantidad de $SO_4^=$ extraído.

Las dificultades de predecir las necesidades de fertilización con S en un cultivo en particular son debido a una o varias de las siguientes causas:

1) La tasa de liberación de S desde la materia orgánica del suelo es variable y esta afectada por la actividad de los microorganismos y las condiciones climáticas.
2) La presencia de residuos orgánicos sin descomponer baja el contenido de S pudiendo resultar en un descenso de los niveles de $SO_4^=$ debido a la inmovilización.
3) La contribución de $SO_4^=$ por el agua de lluvia, o de SO_2 por deposición seca no puede ser medida con precisión.
4) Los $SO_4^=$ se vuelven indisponibles mediante sorción, lixiviación o reducción a gases volátiles durante anegamientos.
5) Factores ambientales (Ej: temperatura, humedad, etc.) influyen en la tasa de degradación del S orgánico y también en la toma de $SO_4^=$ por la planta. La cantidad tomada desde el subsuelo (la cual frecuentemente no se determina) es muy variable y depende de las características del sistema radicular de la planta.

FERTILIZACIÓN CON AZUFRE:

Cuadro 12: Contenido de S en algunos fertilizantes

Tipo de Fertilzante	Composición química	Contenido de S (%)
Fertilizantes azufrados		
- S Elemental	S^0	99,6
- S Agrícola	S^0	80,0
- Yeso	$CaSO_4H_2O$	18,6
- Yeso comercial	$CaSO_42H_2O$ + impurezas	13 – 14
- Pirita	FeS_2	53,5
Fertilizantes nitrogenados		
- Sulfato de amonio	$(NH_4)_2SO_4$	23,7
- Urea sulfato		10,0
- Sulfofosfato de amonio	$(NH_4)_2\ SO_4 + NH_4H_2PO_4 + (NH_4)_2HPO_2$	15,5
Fertilizantes fosforados		
- SPS	$Ca(H_2PO_4)_2 + CaSO_42H_2O$	13,9
- SPT	$Ca(H_2PO_4)_2$	1,5
Fertilizantes potásicos		
- Sulfato de potasio	K_2SO_4	17,6
- Sulfato potásico-magnésico	$K_2SO_42MgSO_4$	22,0
Otros fertilizantes		
- Sulfato de cobre	$CuSO_45H_2O$	12,8
- Sulfato de zinc	$ZnSO_4H_2O$	17,8
- Sulfato de manganeso	$MnSO_44H_2O$	14,5
- Sulfato de magnesio	$MgSO_47H_2O$	13,0
- Tiosulfato de amonio	$(NH_4)_2S_2O_3$	43,3

El S ha sido aplicado en el pasado a través del $(NH_4)_2SO_4$, comunmente en el superfosfato simple y como K_2SO_4. Con la irrupción de los fertilizantes concentrados como el NH_3 anhidro, urea, fosfato diamónico y el polifosfato de amonio, la aplicación de S fue reduciéndose gradualmente. De esta manera, se hace necesario la adición de S, el cual puede ser aplicado como S elemental, yeso, pirita, dependiendo de la disponibilidad del material y de las necesidades de los cultivos y los suelos. Los fertilizantes mas comunes que contienen S se ven en el Cuadro 12.

Las respuestas del crecimiento a la fertilización con S pueden ser impresionantes, tanto en términos del aspecto de las plantas como en el aumento de rendimiento. Las mejoras en la calidad de la cosecha no son tan aparentes, pero pueden ser igualmente importantes.

Las plantas sintetizan las proteínas directamente a partir de sus constituyentes inorgánicos, incluyendo el S. Las plantas absorben el S casi completamente en forma inorgánica, como sulfato. Este, combinado con N, H, C, y O, forma los aminoácidos metionina y cisteína, los cuales contienen S. Las proteínas se forman luego por la combinación de éstos y otros aminoácidos. La cantidad y el tipo de proteína que puede sintetizar y almacenar la planta determinan en un alto grado su valor nutritivo para humanos y animales. Si la cantidad de S es deficiente, tanto la cantidad como la calidad de la proteína se verán alteradas.

La fertilización correcta con S es importante para la calidad de muchos cultivos. Investigaciones hechas en Canadá, Australia e Inglaterra han demostrado que sin la cantidad adecuada de S, la calidad al horneo de la harina de trigo se afecta.

El S es particularmente importante para la calidad de los pastos. Tanto la calidad como la cantidad de la proteína se reduce, en leguminosas como en gramíneas si no disponen del S necesario. Los contenidos de clorofila y de vitamina A son también afectados por el nivel de S en pasturas. Cuando existe deficiencia de S en pastos, éstos pueden contener en exceso de nitratos lo que reduce su calidad para el pastoreo.

Cuadro 13: Rendimientos ($Mg.ha^{-1}$) de varios cultivos fertilizados con azufre

Cultivo	sin S	20 kg.ha⁻¹ S (1)	% incremento
Trigo	3,5	4,69	34,0
Maíz	5,62	7,48	33,1
Papa	25,8	29,02	12,6
Arveja	0,95	1,71	80,0
Algodón	1,81	2,08	14,9
Cebolla	5,50	7,30	32,7
Col	45,10	76,03 (2)	68,6
Caña de Azúcar	100,15	109,98 (2)	9,8
Tabaco	2,12	2,33	9,9

(1) Yeso como fuente de S
(2) La dosis de aplicación para col y caña de azúcar fue de 40 kg/ha.

Muchos investigadores recomiendan una relación N:S entre 10:1 a 15:1 para una óptima nutrición animal. Sin embargo, debe tenerse en cuenta que una situación de deficiencia (con bajo N y S) la observación de una relación N:S adecuada puede conducir a interpretaciones erróneas. En la presencia de bajos contenidos de N y S, los dos nutrientes pueden estar limitando el crecimiento animal aún cuando la relación N:S sea adecuada.

Otro ejemplo que se puede mencionar es respecto a la extensión de la masa de harina que está directamente relacionada con el porcentaje de S en el grano. Los bollos de pan preparados con harina deficiente en S son más pequeños que los normales y tienen una textura más gruesa. La estructura de su miga es más firme y pesada y envejecen rápidamente. También se ve afectada su cualidad nutritiva, ya que los contenidos de metionina y cisteína están reducidos a menos de la mitad de los valores normales. Los datos de la Cuadro 13 muestran que con 20 kg.ha^{-1} de S en forma de yeso se incrementaron significativamente los rendimientos en varios cultivos.

El S aumenta los rendimientos de forraje y de materia seca (MS) digerible del pasto Bermuda.

Cuadro 14: Aumento en la producción de forraje y Materia seca en pasto Bermuda con el agregado de S.(*)

S	Forraje	MS digerible
kg.ha^{-1}	kg.ha^{-1}	kg.ha^{-1}
0	14.101	7.946
27	14.662	8.210
54	15.124	8.489
81	15.525	8.655
108	16.330	9.098

(*) Se utilizó una dosis de N = 448 kg/ha.

Las respuestas de los cultivos a la fertilización con S elemental es más lenta que cuando se utilizan sulfatos, debido a que el s elemental no es soluble en agua y para poder actuar primero debe pasar por procesos de oxidación bacteriana. Para que el S elemental sea efectivo, debe ser incorporado al suelo con suficiente anticipación a las necesidades de los cultivos fertilizados. Sin embargo, si se utiliza adecuadamente, es una fuente de S agronómicamente efectiva y economicamente eficaz. Una desventaja del uso de S elemental es que su presentación es finamente molido y esto representa una dificultad para el usuario en el momento de la aplicación. Es un polvo muy fino de dificil manejo y presenta peligro de incendio en los lugares de almacenaje. Modernamente el problema está superado ya que existen marcas comerciales de S elemental que lo presentan en forma granulada con arcillas como bentonita.

Los fertilizantes que contienen S pueden aplicarse al voleo, en bandas, o a través de sistemas de riego (en el surco y con aspersores). Las recomendaciones típicas oscilan entre 11 y 22 kg S.ha^{-1}, pero algunas veces exceden los 55 kg S.ha^{-1} dependiendo del cultivo y otras prácticas de manejo.

En los fertilizantes, el S se encuentra en forma de sulfato, en otras formas de S soluble, o en forma de S elemental. El S en forma de sulfato tiene la ventaja de estar inmediatamente disponible para la planta. Sin embargo, muchas veces el sulfato se lixivia fuera de la zona radicular. El S elemental no se hace disponible para las plantas sino hasta ser convertido a sulfato, un proceso que puede llevar semanas o meses.

La selección de la forma de S a usarse depende del cultivo, del tiempo de aplicación de la preferencia del usuario, del costo, del equipo de aplicación disponible y de la disponibilidad de materiales.

A. FUENTES DE AZUFRE:

Cuadro 15: Fuentes de azufre que se utilizan en agricultura

	Contenido de S (%)
Azufre elemental	90 - 99
Azufre granulado	80
Sulfato de amonio	22 - 24
Sulfato cúprico pentahidratado	12,8
Sulfato ferroso heptahidratado	11,5
Sulfato ferroso monohidratado	18
Sulfato de magnesio anhidro	20
Sulfato de magnesio heptahidratado	12,8 (Sal Epson)
Sulfato de magnesio monohidratado	21 (Kieserita)
Sulfato de potasio	17,6
Superfostato simple	11,9
Urea cubierta de S (lentamente disponible)	10 - 30
Yeso (Sulfato de calcio dihidratado)	15 - 21

Fuentes orgánicas de azufre

Cuadro 16: Composición media de diferentes fuentes orgánicas de azufre

Material		%					Fuente
		N	P$_2$O$_5$	K$_2$O	Ca	Mg	S	
Estiércol de gallina		3,6	1,5	2,6	2,0	0,5	0,55	Holanda, 1981
Estiércol de cerdo		2,86	3,32	1,87	3,01	1,88	0,60	Valente, 1981
Estiércol de bovino		1,61	0,33	2,33	0,5	0,53	0,45	Valente, 1981
Vinaza	A	0,16	0,03	0,78	0,37	0,09	0,27	Glòria, 1975
	B	0,12	0,02	0,78	0,26	0,06	0,21	Glòria, 1975

B. ESTADO DEL CONOCIMIENTO EN LA ARGENTINA:

Como en la mayoría de los países sudamericanos, en la Argentina, es poco lo que se conoce sobre la dinámica del S en sus suelos.

Informaciones producidas en los últimos tiempos indican que una vez satisfechas las necesidades de N y P aparece el S como "tercer" nutriente limitante.

Existen algunos datos de distintas zonas del país, en general, de la pampa húmeda. En el oeste pampeano relevamientos recientes indican que un 25 % de los lotes agrícolas muestran niveles de $S-SO_4^=$ por debajo de 10 ppm, indicado como crítico (Messick, 1992).

En el área de Casilda (Pcia. de Santa Fé), F. Martinez (1996) encontró respuestas al agregado de sulfonitrato de amonio del orden de 4 a 5 qq/ha de maíz. Otros investigadores mencionan respuestas en el norte y oeste de la región pampeana, mientras que en el sudeste bonaerense son raras las respuestas a este nutriente.

Caamaño y Melgar (1997) realizaron ensayos en 5 localidades del sudeste de Buenos Aires, incluyendo tratamientos con 2 niveles de fertilización con N y P. Puede observarse que la respuesta al S es pequeña hasta el primer nivel de aplicación, cuando las dosis de N y P fueron moderadas. Por el contrario, con elevados niveles de P (80 kg.ha^{-1} de P_2O_5) y de 160 kg.ha^{-1} de N, las respuestas promedio de S son satisfactorias hasta los 50 kg.ha^{-1} de S agregado. Esta interacción con el N se ha detectado en muchos ensayos de campo.

Existen al menos 3 estrategias para corregir la deficiencia de S en cultivos de maíz.

1) El uso de mezclas físicas con fertilizantes que posean S, y que se aplican en presiembra o como arrancadores. Se considera la más conveniente ya que corrige deficiencias en etapas tempranas del desarrollo y no agrega costo ya que se aplica junto con el N y el P, imprescindibles para cultivos con alta producción. También pueden utilizarse fertilizantes líquidos que contengan S.

2) Esta alternativa apunta a aplicar el S junto con parte del N en la escardillada en los estadíos V-6 a V-8. Aqui se utiliza fertilizantes con N, ya sea una mezcla física o en la composición del gránulo. Esta aplicación es conveniente realizarla temprano, es ese sentido un fertilizante a base de S elemental no podrá mineralizarse a tiempo para satisfacer las necesidades del cultivo.

3) Esta acción tiene que ver con la aplicación de yeso o S elemental que el objetivo principal es corregir otros problemas como excesos de sodio o problemas de pH, en estos casos la utilización de estos productos corregirá cualquier deficiencia de S existente. En Tucumán Colacelli, et al determinaron la influencia positiva del azufre en la nodulación en soja y su impacto sobre los rendimientos.

C. SÍNTESIS DE PUBLICACIONES REFERIDAS AL AZUFRE EN EL PAÍS
(Por orden cronológico)

- Ortíz, R. E. 1980. "Contenido de diversas formas de azufre orgánico en suelos de la precordillera patagónica" IX Congreso Argentino de la Ciencia del Suelo. Paraná.

- Echeverría, H. E.; C. A. Navarro. 1983. "Exploración de deficiencias nutritivas en suelos agrícolas del sudeste bonaerense" I Método de Chaminade. RIA XVIII (1): 17-29.
- Echeverría, H. E. 1985. "Exploración de deficiencias nutritivas en suelos agrícolas del sudeste bonaerense. II Fertilización N-P-S." RIA XX (2): 25-35.
- Noellemeyer, E. J.; P. Daniel. 1985 "Modificación de un método para la determinación de sulfatos en extractos de suelo". Ciencia del Suelo 3: 17-22.
- Mizuno, I.; E. Chamorro, B. Lafaille, A. de Sanguesa, M. Moretti, D. De Igne. 1986. "Azufre del suelo, efectos del manejo sobre el azufre del suelo". Rev. Fac. de Agronomía 7(1): 17-23.
- Rosell, R. A., M. R.Landriscini, A. Glave. 1987."Balance de N, P, K y S en trigo de la región semiárida de la provincia de Buenos Aires, Argentina". Anales de Edafología y Agrobiología (España) XLVI: 1167-1180.
- San Martía, N. F.; H. E. Echeverría. 1990. "Concentración de azufre en granos de trigo en el sur de la provincia de Buenos Aires". Boletin Técnico N° 99. INTA, Balcarce.
- Mizuno, I.; de Lafaille, L.G. de López Camelo. 1990. "Caracterización del azufre en algunos molisoles de la provincia de Buenos Aires". Ciencia del Suelo. 8:111-117.
- Mizuno, I.; A. M. de la Horra; M. Moretti; V. F. de Sanguesa; D. Effron; M. P. Jimenez. 1991. "Efecto de la incorporación de materia orgánica en la mineralización del nitrógeno, fósforo y azufre. Efecto sobre el cinc". Gaceta Agronómica. 11(59) 18-29.
- San Martín, N. F; H. E. Echeverría. 1993. "Relevamiento de los contenidos de sulfato en suelos del sudeste bonaerense". XIV Congreso Argentino de la Ciencia del suelo. Mendoza.
- San Martín, N. F; H. E. Echeverría. 1995. "Sulfato en suelos del sudeste bonaerense". Ciencia del suelo 13: 95-97.
- Fontanive, A. V; A. M. de la Horra; M. Moretti. 1996. "Foliar analysis of sulphur in diferent soybean cultivar stages and its relation to yield". Commun. Soil Sci. Anal. 27: 179-186.
- Echeverría, H. E; N. F. San Martín; R. Bergozi. 1996. "Mineralización de azufre y su relación con nitrógeno en suelos agrícolas". XV Congreso argentino de la Ciencia del Suelo. La Pampa.
- Echeverría, H. E; N. F. San Martín; R. Bergozi. 1996. "Mineralización de azufre y su relación con nitrógeno en suelos agrícolas". Ciencia del Suelo. 14(2): 107-109.
- Bono, A.; D. E. Buschiazzo; J. C. Montoya; F. J. Babinec. 1997. "Fertilización de una pastura con nitrógeno, fósforo y azufre en un Haplustol éntico de la Pampa Argentina". Ciencia del Suelo 15(2): 95-98.
- Melgar, R. J. 1997. "Potasio, azufre y otros nutrientes necesarios para conside-

rar una fertilización". Fertilizar (suplemento trigo mayo 1997): 17-24.

- Lavado, R.; G. Rubio. 1997. "Azufre el nutriente que faltaba". Fertilizar N° 7 (junio 1997): 24-26.
- Messick, D. 1997. "Azufre disponible". Fertilizar N° 8 (septiembre 1997):26.
- Landriscini, M. R; J. A. Galantini; A. R. Rosell. 1998. "Diagnóstico nutricional con azufre en trigo de la región semiárida pampeana". XVI Congreso Argentino de la Ciencia del Suelo. Villa Carlos Paz.
- Diaz-Zorita; M. V. Fernández Canigia. 1998. "Azufre y Nitrógeno en la implantación de pasturas perennes en la región de la Pampa arenosa". XVI Congreso Argentino de la Ciencia del Suelo. Villa Carlos Paz.
- No se olviden del azufre. 1998. Journal de Forrajes y Granos. Año 3 N° 32 (agosto de 1998): 16-22.
- Jornadas de Actualización Técnica para Profesionales. "Fertilización de Soja". Bolsa de Comercio de Rosario. 1999. INTA. AAPRESID. Proyecto Fertilizar.
- Colacelli, N. A. et al. Efecto de la Fertilización azufrada sobre la nodulación en el cultivo de Soja. Revista de la Facultad de Agronomía, Universidad del Zulia, Maracaibo. Venezuela. En prensa.

9

OTROS USOS DEL AZUFRE EN AGRONOMÍA

A. Corrector de suelos alcalinos

Además del uso como fertilizante, el S tiene otras utilidades en agronomía. La utilización por sus propiedades como fungicida es bien conocida desde la antiguedad este uso no será tratado en este trabajo ya que excede el marco del mismo.Otra aplicación de este producto es como enmienda de suelos alcalinos. Existen varias formas químicas del S las cuales se utilizan para este fin. El S elemental, el S como sulfato ($SO_4^=$) formando parte de varias sales.

Siendo el objetivo de la corrección de suelos alcalinos el reemplazar el exceso de sodio (Na) responsable de la alcalinidad, por sales como sulfatos que son fácilmente lavados del perfil. Las enmiendas químicas que poseen S que se utilizan son:

- Sales solubles de calcio:

$$CaSO_4.2H_2O \text{ (yeso)}$$

- Ácidos o formadores de ácidos:

Azufre elemental
H_2SO_4
$FeSO_4$
$Al_2(SO_4)_3$

- Polisulfuro de calcio

La efectividad de cada mejorador va a depender de ciertas condiciones de los suelos en especial del contenido de carbonatos alcalinotérreos, así se establecen las siguientes categorías:

(I)   Suelos con carbonatos alcalinotérreos.

(II)   Suelos libres de carbonatos alcalinotérreos

Para la categoría (I) se considera apropiado el uso de sales de calcio más solubles que el carbonato de calcio así como también los ácidos o formadores de ácidos.

Para los suelos de categoría (II) los mismos que para la primera categoría, pero no son aconsejables las sales de calcio poco solubles dado la dudosa reacción a pH mayor de 7,5. Debe advertirse la inconveniencia de utilizar ácidos o formadores de ácidos dado el riesgo de acidificación en suelos de estas características

Reacciones químicas de algunos mejoradores de suelos alcalinos

Las siguientes ecuaciones químicas ilustran la manera en que distintas enmiendas actúan en suelos sódicos, la X representa al complejo de intercambio del suelo.

Suelos con carbonatos alcalinotérreos:

Yeso:

$$2NaX + CaSO_4 \longrightarrow CaX + Na_2SO_4$$

Azufre:

$$2S + 3O_2 \longrightarrow 2SO_3$$
$$2SO3 + H_2O \longrightarrow 2H_2SO_4$$
$$2H_2SO_4 + CaCO_3 \longrightarrow CaSO_4 + CO_2 + H_2O$$
$$2NaX + CaSO_4 \longrightarrow CaX + Na_2SO_4$$

Suelos sin carbonatos alcalinotérreos y pH >7,5

$$FeSO_4 + H_2O \longrightarrow H_2SO_4 + FeO$$
$$2NaX + H_2SO_4 \longrightarrow 2HX + Na_2SO_4$$

Suelos con carbonatos alcalinotérreos y pH < 7,5

Algunos suelos que contienen sodio intercambiable en exceso pueden tener una apreciable proporción de H+ intercambiable y, por lo tanto su reacción no es tan alcalina, pudiendo incluso llegar a ser ácida.

$$2NaX + CaCO_3 \longrightarrow CaX + Na_2CO_3$$

Es importante remarcar que los distintos mejoradores poseen diferente efecto, o sea es necesario aplicar cantidades distintas para obtener el mismo resultado. En el cuadro siguiente se observa la equivalencia entre las distintas enmiendas.

Cuadro 17: Equivalencias de los distintos mejoradores

Mejorador	Mg equiv. a 1 Mg. de azufre
Azufre	1
Polisulfuro de calcio	4,17
Acido sulfúrico	3,06
Yeso	5,38
Sulfato ferroso	8,69
Sulfato de aluminio	6,94

Velocidad de reacción:

La selección de la enmienda química puede estar determinada por el tiempo que requiere su reacción en el suelo. En general los mejoradores más baratos actúan más lentamente; por lo tanto si se desea una sustitución inmediata se deberá aplicar un mejorador de acción rápida y en consecuencia de alto costo.

El $CaCl_2$ es de acción rápida y de efecto muy bueno pero debido a su alto costo rara vez se lo utiliza.

Los sulfatos de Fe y Al son de acción muy rápida pues se hidrolizan casi de inmediato pasando a formar ácido sulfúrico, pero también son de alto costo, lo que dificulta su uso. El ácido sulfúrico es de acción rápida y relativamente barato en relación a los anteriormente mencionados.

Por su costo relativamente bajo, el yeso y el azufre son las emniendas más utilizadas para la rehabilitación de suelos alcalinos. La reacción del yeso está limitada únicamente por su solubilidad en agua, la cual es de aproximadamente de 2,1 $g.L^{-1}$ a 30 ºC, necesita además la presencia de una lámina de agua suficiente.

El azufre necesita ser oxidado primero por acción microbiana hasta llegar a la forma de sulfato, por lo tanto se lo clasifica como mejorador de acción lenta. Se debe tener en cuenta tanto en el caso del azufre como el del yeso, el tamaño de partícula, ya que éste influye marcadamente en la velocidad de reacción; a menor tamaño de partícula mayor velocidad de reacción.

El polisulfuro de calcio, que es un líquido alcalino de color oscuro, debe como el azufre oxidarse primero a ácido sulfúrico para ser activo, por lo tanto también es de reacción lenta.

NECESIDADES DE INVESTIGACIÓN

El conocimiento de la dinámica y de la disponibilidad de este nutriente es insuficiente, por lo tanto los esfuerzos de investigación deberán concentrarse en los siguientes aspectos:

a) Contribución del S del subsuelo para la nutrición de las plantas.
b) Pérdidas por lixiviación relacionadas con el manejo del suelo.
c) Mineralización real del S orgánico y factores determinantes.
d) Estudios y definición de formas de S orgánico y su contribución a las plantas.
e) Respuesta a la aplicación de S a los suelos utilizados intensamente en cultivos exigentes en S.
f) Obtención de índices de disponibilidad más representativos para los diferentes grupos de suelos en función de sus características.
g) Perfeccionamiento de las metodologías de laboratorio para las determinaciones de S.
h) Contribución de formas de S atmosférico para el suelo y plantas.

ANEXO N° 1 (*)

Para la determinación de Azufre inorgánico en suelos el SAMLA recomienda dos métodos: -1- el turbidimétrico y -2- el del azul de metileno.

El contenido de S inorgánico de los suelos se determina mediante el uso de extractantes, uno de los más utilizados en el KH_2PO_4 (500 ppm de P), Anderson 1992. Con este extractante se estima el azufre soluble y el adsorbido.

-1- Método turbidimétrico:

Este método consiste en la reacción de los iones sulfato con iones bario que originan una turbidez que se mide con un espectrofotómetro. La materia orgánica coloidal interfiere en esta determinación por lo cual la solución debe ser tratada con carbón activado previamente al desarrollo de la turbidimetría. (Bardsley, 1965)

Este método permite dosar cantidades de azufre superiores a 25 microgramos de S (equivale a 12,5 ppm de S en suelo, si se utiliza la relación suelo-extractante que figura en el procedimiento).

Materiales y reactivos:

Materiales:
1) Agitador.
2) Bomba de vacío.
3) Agitador de tubos.
4) Espectrofotómetro.
5) Erlenmeyers de 250 mL con tapa.
6) Tubos de 23 mm de diámetro y 190 mm de largo, con contenido mínimo de 60 mL (para recoger el filtrado)
7) Probetas de 50 mL.
8) Frasco Kitasato de 2 L.
9) Pipeta volumétrica de 10 mL y de 1 mL.
10) Pipeta graduada de 10 mL.
11) Tubos de ensayo de 18 mm de diámetro y 190 mm de largo (para desarrollar la turbidimetría)
12) Matraz de 1L y de 50 mL.

Reactivos:
1) Solución extractante: solución de fosfato diácido de potasio 500 ppm de P. Pesar 2,197 g de la droga y disolverla llevándola a 1 L con agua destilada.
2) Carbón activado (lavar el carbón con solución extractante hasta que no se

verifique más reacción positiva a sulfato)

3) Solución ácida de aporte de núcleos de cristalización (SPIKE): 20 ppm de S (27,20 g K_2SO_4 se disuelven en 250 mL de HCl 6N)

4) $BaCl_2.2H_2O$ (reactivo analítico). Cristales entre 20 y 60 mesh.

5) Papel de filtro Whatman N° 42 (lavado con solución extractante hasta reacción negativa de sulfato).

6) Patrón de 1000 ppm de S: disolver 5,434 g de K_2SO_4 y llevar a 1 litro con solución extractante.

7) Patrones diarios de 25-50-100 y 200 ppm de S preparados a partir del patrón de 1000 ppm de S. Hacer la dilución con solución extractante.

Todos los reactivos deben ser de grado analítico y las soluciones deben ser preparadas con agua destilada.

Extracción:

Agitar durante 1 hora 10 g de suelo seco y tamizado por malla de 2 mm, con 50 mL de solución extractante en un Erlenmeyer de 250 mL. Realizar duplicado.

Desarrollo de la turbidimetría:

Agregar 0,5 g de carbón activado y agitar durante 3 minutos. Realizar una doble filtración al vacío, tratando de formar una capa con el suelo sobre el papel, para que la filtración sea más efectiva. La segunda filtración hacerla sobre la misma capa de suelo. El filtrado debe resultar una solución perfectamente límpida.

Pipetear 10 mL del filtrado en un tubo para desarrollo de turbidimetría.

Agregar 1 mL de solución Spike.

Agitar con agitador de tubos.

Agregar 0,5 g de cristales de $BaCl_2.2H_2O$ y dejar reposar 1 minuto.

Agitar en agitador hasta dilución.

Leer en el espectrofotómetro a 420 nm, entre 2 y 8 minutos después del paso anterior.

Preparación de la curva de calibración:

Colocar 9 mL. de solución extractante en un tubo de dosaje.

Agregar 1 mL. del correspondiente patrón diario.

Agregar 1 mL. de solución Spike.

Agitar con agitador de tubos.

Agregar 0,5 g de cristales del cloruro de bario y dejar reposar 1 minuto.

Agitar con agitador de tubos hasta dilución.

Leer en el espectrofotómetro a 420 nm entre 2 y 8 minutos después del paso anterior.

Realizar 3 blancos con solución extractante.

Cálculos:

Se representa transmitancia en función de microgramos de S en papel semilogarítmico:

$$\text{ppm } S_{suelo} = {}^X\!/_2$$

X = Valor en microgramos que corresponden a la lectura de la muestra (se obtiene de la curva de calibración).

Comentarios:

El procedimiento debe ser cuidadosamente estandarizado para lograr bajos coeficientes de variabilidad.

Los tiempos indicados deben ser respetados estrictamente, así como también asegurarse de que la agitación sea semejante en todos los tubos y que el cloruro de bario quede completamente disuelto. Los tubos de ensayo para el desarrollo de la turbidimetría deben ser todos exactamente iguales.

-2- Método del Azul de Metileno:

El S inorgánico se reduce a la forma de sulfuro con una solución reductora constituída por una mezcla de ácido iodhídrico y fórmico y se destila como sulfuro de hidrógeno recogiéndolo sobre una solución de acetato de zinc - acetato de sodio. El sulfuro de cinc precipitado se disuelve en una solución ácida que contiene aminodimetilanilina (PADMA) en presencia de iones férricos. El sulfuro reacciona con el compuesto orgánico dando azul de metileno que se utiliza para la determinación colorimétrica. (Johnson y Nishita, 1952).

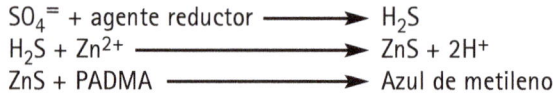

$$SO_4^= + \text{agente reductor} \longrightarrow H_2S$$
$$H_2S + Zn^{2+} \longrightarrow ZnS + 2H^+$$
$$ZnS + PADMA \longrightarrow \text{Azul de metileno}$$

Este método se recomienda para cantidades de azufre entre 3 y 300 microgramos (Chapmann y Pratt, 1973) y, por consiguiente, cubre un rango más amplio al del método turbidimétrico.

La colorimetría del azul de metileno es lineal en el rango de 2 a 50 microgramos de S (Tabatabai, 1982).

Materiales y reactivos:

Materiales:

1) Tubo de N_2 con válvula.
2) Manómetro.
3) Agitador horizontal.
4) Centrifuga.
5) Espectrofotómetro.
6) Matraces aforados de 1 L, 2 L y 100 mL.
7) Erlenmeyer de 1 L.
8) Tubos de centrífuga de 40 mm de diámetro y 95 mm de largo.
9) Papel Whatman N° 42.
10) Pipeta de 5 mL. de suministro rápido.
11) Pipeta aforada de 2 mL.

12) Aparato de digestión - destilación. (ver figura 8)

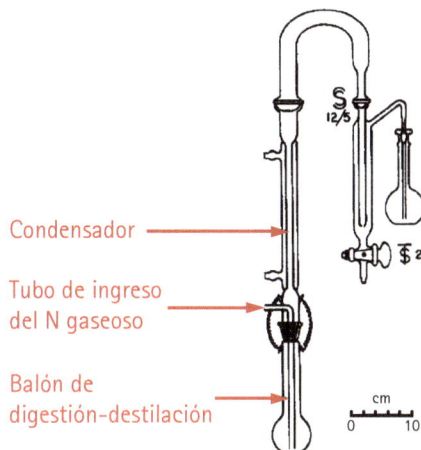

Figura 8: Esquema del aparato

(A) 1 matraz de ebullición de fondo redondo y junta esférica (19/22 Pyrex num 4325, de 50 mL. de capacidad) con un brazo lateral de entrada de 7 mm (éste debe llegar hasta 3 a 5 mm del fondo del matraz).

(B) 1 refrigerante recubierto de agua.

(C) 1 tubo U de conexión.

(D) 1 columna de lavado de gas.

(E) 1 tubo de conexión desmontable (4 mm de diámetro externo)

(F) 1 matraz de 100 mL. con tapón de vidrio como recipiente receptor.

(G) 1 frasco para el lavado del gas N2.

(H) 1 micro mechero.

Se debe proteger la llama de las corrientes de aire con pantallas.

Las uniones necesarias se realizan con tubo tygon.

Las conexiones (A) con (B), (B) con (C), y (C) con (D) son juntas esféricas cuyas dimensiones se indican en la figura. Para asegurar el cierre hermético se utilizan las pinzas adecuadas.

Reactivos:

1) Solución extractante: solución de fosfato diácido de potasio de 500 ppm de P. Pesar 2,197 g de la sal, disolverla y llevar a 1 L con agua destilada.

2) Mezcla reductora: mezclar 300 mL. de ácido iodhídrico (HI) (d = 1,7 grado metoxilo) con 75 mL de ácido hipofosforoso (H_3PO_2, 50%) y 150 mL. de ácido fórmico (HCOOH, 90%) en un Erlenmeyer de 1 L. Llevar la solución a ebullición y mantener a una temperatura de 115-117°C durante 60 minutos (a temperaturas superiores a 120-125°C, se forma fosfina). Durante toda la

operación pasar por la misma una corriente de N_2 (ya purificado). La solución se guarda en un recipiente oscuro y dura 2 ó 3 semanas. La solución no debe regenerarse.

3) Solución para lavado del gas N_2 (frasco G): añadir 5 a 10 g de cloruro mercúrico ($HgCl_2$) a 100 mL. de una solución de permanganato de potasio al 2% ($KMnO_4$).

4) Solución de lavado de pirogalol-fosfato de sodio (columna D): disolver 10 g de $NaH_2PO_4.H_2O$ y 10 g de pirogalol $[C_6H_3(OH)_3]$ en 100mL. de agua destilada con ayuda de una corriente de N que burbujee a través de la solución. Preparar diariamente (se oscurece por la absorción de O_2).

5) Solución de acetato de zinc-acetato de sodio (matraz receptor F): disolver en agua destilada 50 g de $Zn(AcO)_2.2H_2O$ y 12,5 g de $NaAcO.3H_2O$. Completar el volumen a 1 L y filtar.

6) Solución de aminodimetil anilina (PADMA): dilsolver 2 g de sulfato de p-aminodimetil anilina en 1,5 L de agua destilada. Añadir 400mL de ácido sulfúrico lentamente y refrigerando la mezcla. Llevar a 2 L con agua destilada.

7) Solución de sulfato férrico de amonio: a 25 g de $Fe_2(SO_4)_3(NH_4)_2SO_4.24H_2O$ añadir 5 mL de ácido sulfúrico concentrado y 195 mL de agua destilada (la sal se disuelve lentamente, requiere 2 ó 3 días).

8) Solución estándar de sulfato de potasio de 1000 ppm de S: pesar 5,434 g de K_2SO_4, grado analítico, disolver y llevar a 1 L con agua destilada.

9) Patrones secundarios de 5, 10 y 20 ppm de S: preparados a partir de la solución estándar y llevarlos a volumen con agua destilada.

10) Tratamiento del lubricante: mezclar 5 g de lubricante de siliconas Dow Corning con 10 mL de una mezcla de volúmenes iguales de HI y H_3PO_2. Calentar hasta ebullición, agitando constantemente durante 45 minutos. Es conveniente para esta etapa utilizar un vaso de precipitado de 100 mL equipado con un condensador (matraz de fondo redondo de 50 mL lleno de agua fría). Al finalizar el tiempo de calentamiento, lavar cuidadosamente con agua destilada.

11) Agua destilada: utilizar en todas las preparaciones agua destilada libre de S.

Extracción:

Agitar durante 1 hora 10 g de suelo seco y tamizado en malla de 2 mm, con 50 mL de solución extractante en un Erlenmeyer de 250 mL. Realizar duplicado. Dejar sedimentar 30 minutos, centrifugar 20 minutos a 4000 rpm y filtrar por papel Whatman N° 42 o similar.

Destilación:

Lubricar todas las juntas esféricas con cantidad mínima de lubricante tratado. Poner 10 mL de reactivo pirogalol-fosfato de sodio en la columna de lavado de gases (D). A 70 mL de agua destilada añadir 10 mL de la solución de acetato de zinc-acetato de sodio en el matraz de 100 mL (F). Sujetar el tubo de conexión (E) al brazo lateral de la columna de lavado (D) e introducirlo en el matraz (F).

Transferir una alícuota del standad o la muestra al matraz de ebullición (A). Esta no debe ser superior a 2 mL. Al mismo, agregar 4 mL de mezcla reductora con una pipeta de suministro rápido. Conectar con rapidez el matraz de ebullición al refrigerante (B), establecer el contacto entre el tubo que sale del frasco lavador de N_2 (G) y el brazo lateral del matraz de ebullición. Ajustar el flujo de nitrógeno entre 100 y 200 mL por minuto. Iniciar el flujo de agua de enfriamiento en el refrigerante. Comenzar el calentamiento y mantener en ebullición lenta durante 1 hora.

Desarrollo de la colorimetría:
Retirar el matraz receptor (F) dejando en él el tubo de conexión (E). Agregar 10 mL de la solución de p - aminodimetil anilina (PADMA) al matraz receptor (F). Tapar, mezclar y añadir 2 mL de solución de sulfato férrico de amonio. Tapar y mezclar nuevamente. Retirar el tubo de conexión (E). Completar el volumen con agua destilada y mezclar bien. Leer en el espectrofotómetro a 670 nm después de 10 minutos y antes de las 24 horas.

Cálculos:
Representar transmitancia en función de microgramos de S en papel semilogarítmico.

$$\text{ppm } S_{suelo} = {}^{X5}/_{Ve}$$

Ve = volumen en mL de alícuota de muestra utilizada en la destilación.

X = microgramos de S que corresponden a la lectura efectuada. (obtenida de la curva standad).

Comentarios:
Si se utilizan tubos de goma en las conexiones, éstos deben ser previamente hervidos en alcali diluído y luego lavados cuidadosamente con el fin de eliminar contaminaciones de S.

En el caso de muestras con bajo contenido de S se pueden concentrar los extractos.

(*) Estas metodologías son transcripciones de la publicación del SAMLA "Determinación de Azufre Inorgánico en Suelos" cuyos autores son: A.V Fontanive; M.P. Jimenez; A.M. de la Horra; D. Effron y R.L. Defrieri. Todos de la Cátedra de Química General e Inorgánica de la Facultad de Agronomía de la Universidad de Buenos Aires.

BIBLIOGRAFÍA

- Alexander, M. "Introducción a la Microbiología del Suelo" AGT, Ed. 491pp. 1987.
- Colacelli, N. A; et al "Efecto de la fertilización azufrada sobre la nodulación en soja". Revista de la Facultad de Agronomía del Zulia, Maracaibo, Venezuela, En prensa.
- Colacelli, N. A. "Corrección de Suelos". Publicación Especial N° 42 Facultad de Agronomía y Zootecnia - Universidad Nacional de Tucumán. 25pp. 2001.
- Chapman, H. D.; Pratt P. F. "Métodos de análisis para suelos, plantas y aguas" Ed. Trillas. 195pp. 1973.
- Kanwar, J. S.; Mudahar, M. S. "Fertilizer Sulfur and Food Production". Martinus Nijhoff / Dr W. Junk Publishers. 247 pp. 1986.
- Mengel, K. y Kirkby, E. A. "Principios de Nutrición Vegetal". 4ta. Ed. 1ra.Ed. en español. Inst. Internacional de la Potasa. 607pp. 2000.
- Prasad, R. y Power, J.F. "Soil Fertility Management for Sustainable Agriculture" 356 pp. CRC Lewis Publishers. 1997.
- Schnug E. (Ed). "Sulphur in Agroecosystems". Kluwer Academic Publishers. 221 pp. 1998.
- Stevenson, F. J. y Cole, M. A. "Cycles of Soil" 427 pp. 2da. Ed. John Wiley & Sons. 1999.
- Tabatabai, M. A; "Sulfur in Agriculture" American Society of Agronomy Inc. 666 pp. 1986.
- Westermann. R. L; "Soil Testing and Plant Analysis" 3ra. Ed. Soil Science Society of America Inc. 784 pp. 1990.

www.ingramcontent.com/pod-product-compliance
Lightning Source LLC
Chambersburg PA
CBHW041218270326
41931CB00001B/25

9 7 8 9 5 0 5 5 3 2 6 1 2